JR九州の光と影

日本のローカル線は再生できるのか

佐藤信之
SATO, Nobuyuki

イースト新書
117

はじめに

ＪＲ九州は、ＪＲ東日本、ＪＲ東海、ＪＲ西日本がＪＲ本州三社と呼ばれるのに対して、ＪＲ北海道、ＪＲ四国と合わせてＪＲ三島《さんとう》会社と呼ばれる。いずれも市場環境が厳しく、採算可能な路線をほとんど持たないという点が共通している。

ＪＲ北海道は二〇一六年七月二九日に『「持続可能な交通体系のあり方」について』、同年一一月一八日に『当社単独では維持することが困難な線区について』の文書でバス転換や「上下分離」（自治体保有、ＪＲ運営）など経営方式の変更について提案した。それによると、単独維持が可能な路線は函館《はこだて》本線の北海道新幹線と並行しない区間、室蘭《むろらん》本線、石勝《せきしょう》線、学園都市線《がくえんとしせん》など全線の五二％しかないことが判明して物議を醸した。詳細については拙著『ＪＲ北海道の危機：日本からローカル線が消える日』（イースト新書）でくわしく述べた。

また、ＪＲ四国も二〇一六年一一月七日に同年度上期における各線区の利用状況を発表し、瀬戸大橋線《せとおおはし》（本四備讃線《ほんしびさん》）児島《こじま》－宇多津《うたづ》間、予讃線《よさん》高松《たかまつ》－松山《まつやま》間、高徳線《こうとく》高松－引田《ひけた》間、牟岐線《むぎ》徳島－阿南《あなん》間、土讃線《どさん》多度津《たどつ》－琴平《ことひら》間、高知－須崎《すさき》間以外の路線は、一日一㎞あたりの輸送密度が四〇〇〇人未満と、日本国有鉄道（国鉄）時代にバス転換を推奨された水準にまで落ち込むという厳しい状況となっている。

そんななか、二〇一六年に上場を果たし、独創的な車両や観光列車が注目を集めるなど盤石な経営体制を構築したかに思われていたJR九州も、二〇一七年七月三一日に初めて路線別の利用状況（輸送密度、平均通過人員）を公表。肥薩線《ひさつ》、吉都線《きっと》、日南線《にちなん》の全線と日田彦山線《ひたひこさん》、豊肥本線《ほうひ》、指宿枕崎線《いぶすきまくらざき》の各一部区間などの輸送密度が一〇〇〇人を下回っていることを明らかにした。

青柳俊彦《あおやぎとしひこ》社長は記者会見で、「輸送密度が少ないところを廃止するために出したわけではない。鉄道ネットワークを維持するために今後も努力する」と述べた一方で、「上下分離などがこの先、発生するかもしれない」として、自治体や住民との議論を促した。

そして二〇一八年三月一七日のダイヤ改正では実際にローカル線の運行本数が住民の生活に支障を来すほどの大減便となり、自治体からの反発で微修正を余儀なくされたのは記憶に新しい。

本書では、関連事業の隆盛や上場などＪＲ九州の経営が成功した「光」の部分を紹介する一方で、ローカル線の「切り捨て」とも取れる「影」の部分の背景についても分析していく。

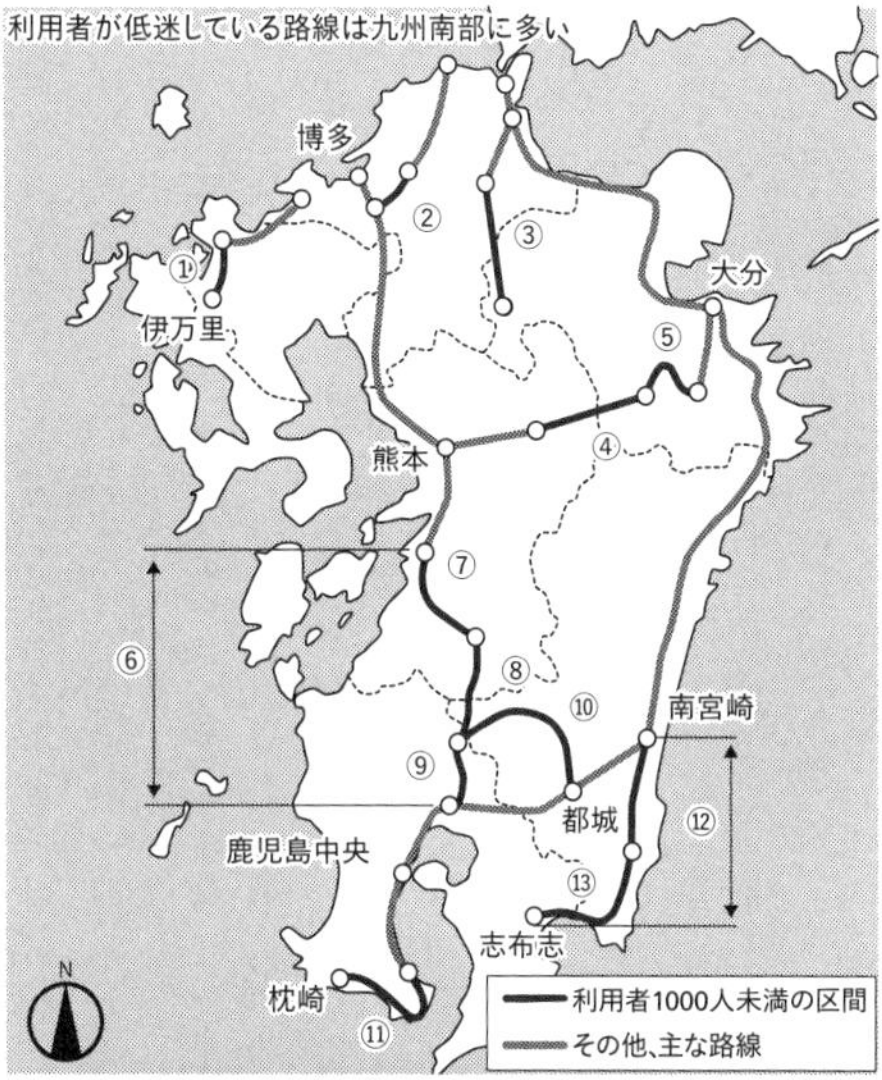

利用者1000人未満の区間			
	区間・駅名	路線名	利用者
①	伊万里～唐津	筑肥線	236（▲68）
②	桂川～原田	筑豊線	512（▲83）
③	田川後藤寺～夜明	日田彦山線	299（▲73）
④	宮地～豊後竹田	豊肥線	154（▲85）
⑤	豊後竹田～三重町	豊肥線	954（▲60）
⑥	八代～隼人	肥薩線	458（▲67）
⑦	八代～人吉	肥薩線	478（▲78）
⑧	人吉～吉松	肥薩線	108（▲81）
⑨	吉松～隼人	肥薩線	758（▲32）
⑩	吉松～都城	吉都線	466（▲69）
⑪	指宿～枕崎	指宿枕崎線	301（▲68）
⑫	南宮崎～志布志	日南線	779（▲45）
⑬	油津～志布志	日南線	222（▲67）

注：利用者は1日1キロメートル当たりの2016年度乗車人員（輸送密度）。カッコ内は1987年度と比べた減少率％、▲はマイナス

図表1　JR九州が発表した利用者1000人未満の区間
出典：日本経済新聞Web版「JR九州、区間別の利用状況を初公表　路線維持へ地元議論促す」（2017年7月31日）。地図は引用者が一部修正

車両が独創的な理由は国鉄改革時の人事にあった

ＪＲ発足にあたってＪＲ東日本とＪＲ西日本の社長には運輸省（現・国土交通省）出身者が就任したが、そのほかはみな国鉄の経営陣から選ばれた。いずれも鉄道の経営実務の専門家であり、ＪＲ三島会社の社長は国鉄末期に当該地域を管轄する総局の局長を務めていた。それだけ地域の状況に精通している人物であったということができる。

ＪＲ北海道の大森義弘《おおもりよしひろ》氏は一九七二年のスト権ストのときの国鉄本社の職員局職員課長で、まさに国鉄の執行部側を代表して労働組合に対峙《たいじ》した人物である。国鉄末期には千葉鉄道管理局長から本社職員局長に転じ、その後は北海道総局長、ＪＲ北海道社長となった。千葉鉄道管理局長の時代には国鉄の現場が新左翼のセクト間の対立に巻き込まれていた。そういう点ではＪＲ発足後の北海道の課題のひとつが労働問題であったということから、適材適所であったと考える。

ＪＲ四国の伊東弘敦《いとうひろあつ》社長は工作局車両課から工作局を改組した車両局の局長で、ＪＲ九州の石井幸孝《いしいよしたか》社長の後任者である。国鉄末期に四国総局長となり、そのままＪＲ四国社長に就任した。

ＪＲ九州の石井幸孝氏は、国鉄の車両設計事務所で気動車の設計を担当。のちに工作局長、車両局長、首都圏本部長とたどり、国鉄末期には九州総局長からＪＲ九州の社長に就任した。

ＪＲ四国とＪＲ九州の問題は施設や車両の老朽化から、いかに競合する交通機関に勝てるかということに集中していた。鉄道はダイヤと車両の居住性が商品である。市場が競争的となるなかで需要をつなぎとめるには、この商品の質を向上させることが必要となる。こういう点でも適材適所の配剤といえるであろう。

ところでＪＲ北海道の大森社長は一九二九年生まれ、ＪＲ四国の伊東社長は一九三三年生まれ、ＪＲ九州の石井社長は一九三二年生まれで、ほぼ同じ世代である。石井社長は伊東社長の一年先輩であり、本社車両局長を後任の伊東社長に引き継いでいる。

また、国鉄末期に国の国鉄再建監理委員会の事務局となっていた国鉄の経営管理室の松《まつ》田《だ》昌士《まさたけ》氏、葛西敬之《かさいよしゆき》氏、井手正敬《いでまさたか》氏が国鉄の内部で分割民営化を主導して「改革三人組」と呼ばれたが、松田氏は一九三六年生まれ、葛西氏は一九四〇年生まれ、井手氏は一九三五年生まれで、ＪＲ三島会社の社長のすぐ下の世代である。改革三人組は国鉄の守旧派に排除され、松田氏は北海道総局の副総局長総合企画部長に事実上左遷された。

最終的に国鉄改革は国が進めていた分割民営化に進むことになり、改革三人組が再び実戦に復帰して、ＪＲ発足時には松田氏はＪＲ東日本、葛西氏はＪＲ東海、井手氏はＪＲ西日本に配属された。ＪＲ東日本の社長に就任した元運輸省官僚で国鉄再建監理委員会委員を務めた住田正二《すみたしょうじ》氏、ＪＲ東海社長に就任した国鉄常務理事、旅客局長の須田寛《すだひろし》氏、ＪＲ西日本社長に就任した元運輸省官僚の角田達郎《つのだたつお》氏をそれぞれ支えることになる。

ＪＲ九州は発足時から新型車両の開発を積極的に推進したが、石井初代社長が国鉄の車両局長であったということにも関連しているのであろう。同時にツアー企画や団体列車として使用するジョイフルトレイン（後述）の開発を進めたが、ジョイフルトレインはＪＲ北海道のほうが熱心であった。観光地のリゾート施設とタイアップすることで新しいジョイフルトレインを開発し、冬はリゾート施設が借り上げて専用列車として、夏は航空会社のツアー企画で借り上げられたりしていた。ＪＲ九州も初期にはＪＲ北海道と連携してジョイフルトレインの開発を進め、これが「ゆふいんの森《もり》」として結実する。また、ＪＲ四国を含めて三島会社は高速道路の開通による競争の激化により、高速化に熱心に取り組んだ。

JR北海道とJR九州の命運を分けたもの

九州は基本的に人口規模が大きく、また県庁所在地の人口も多いことから、都市間輸送に成長の余地が大きかった。そのため、幹線系路線の時速一三〇㎞を推進するとともに本数を増加させた。必然的に速度が遅いジョイフルトレインはダイヤ設定の足かせとなったため、まもなく開発をやめてしまった。それに対して北海道ではいずれの路線も閑散路線であり、ローカル列車の設定本数は少なかった。また、新しく建設された石勝線は特急を中心としたダイヤで、観光目的に特化した列車を設定する余地が大きかった。

さらに、北海道は夏冬の観光シーズンにスキー客や行楽客の旅客需要が集中し、都市輸送や都市間輸送で十分な収益を確保できないJR北海道には年間を通しての観光客の取り込みが重要な課題となる。JR九州のジョイフルトレインは一九九四年に運行を停止した。その後も運転が続いた観光列車はJRになってから新しい発想で開発した「ゆふいんの森」と、最初は「オランダ村《むら》特急」として登場し、当時は「ゆふいんの森Ⅱ世」に使われていたキハ183系1000番台（以下、「キハ」がつく車両は気動車）だけである。当時はJR九州が開発した定期運行の特急用車両がジョイフル化しており、外観と内装のいずれも既存の車両とは違って贅沢《ぜいたく》なものとなっていた。

ＪＲ三島会社はいずれも鉄道旅客の減少局面に入ることが予想されていた。鉄道事業の収益寄与に期待できないとなると、必然的に兼業部門を強化する必要がある。ＪＲ本州三社とともに、ＪＲ三島会社も当初から余剰人員を抱えていたため、この有効活用を兼ねて、駅構内や遊休地を活用した副業として物販や飲食施設の開発を進めた。しかし、基本的に人件費を考える必要がなかったから取り組めた事業であり、徐々に人員整理が進むと、会社にとってのメリットが低下していった。それに代わって、より大規模な駅の商業施設やホテルの開発に力を入れるようになる。ＪＲ北海道も駅ビルを建設し、付随してホテルを開業していく。しかし、北海道の貧弱な市場性から、多くは損失を出して事業を縮小し、なかには廃止された施設もある。

ＪＲ九州は小倉《こくら》、大分、鹿児島、博多《はかた》で駅に付属する大規模な商業施設を開業させた。これにより普段は閑散としている昼間の列車が買い物客で混雑するようになり、鉄道事業の収益にフィードバックさせることができた。ＪＲ北海道も札幌《さっぽろ》駅の開発だけは成功し、経営難のなかで株式を売却して鉄道の設備投資の財源にあてることができた。

ＪＲ北海道とＪＲ九州はいずれも兼業部門の開発に熱心に取り組んだものの、北海道はそれが失敗して、ＪＲ北海道による出資や融資が焦げつくことになる。一方、九州は兼業部門が成功して鉄道事業と並ぶ基幹部門に成長し、さらにM&Aによる新規事業の獲得やチェーンストアとのタイアップにより、鉄道から離れた街ナカやロードサイドでの商業施設の開発につながった。また、沖縄でも多くのホテルや商業施設を経営している。さらに現在では海外まで開発を拡大することを視野に入れている。

一方で、鉄道事業自体も個性が際立った事業の展開が進められた。787系電車「つばめ」の精悍《せいかん》な外観は工業デザイナーであった水戸岡鋭治《みとおかえいじ》氏を起用して実現したものであった。国鉄時代に車両の設計に携わってきた石井社長が車両デザインと縁がなかった水戸岡氏を起用したことに始まるが、現在では日韓航路の「ビートル」の内装や商業施設のデザインも行っている。趣味的には従来の鉄道車両とはかなり異質であり、拒否感を持つ人も多いようであるが、人々の関心を引きつけるデザインには違和感がある一方で驚きがあり、たんなる乗り物以上の存在感を提供することにもなっている。

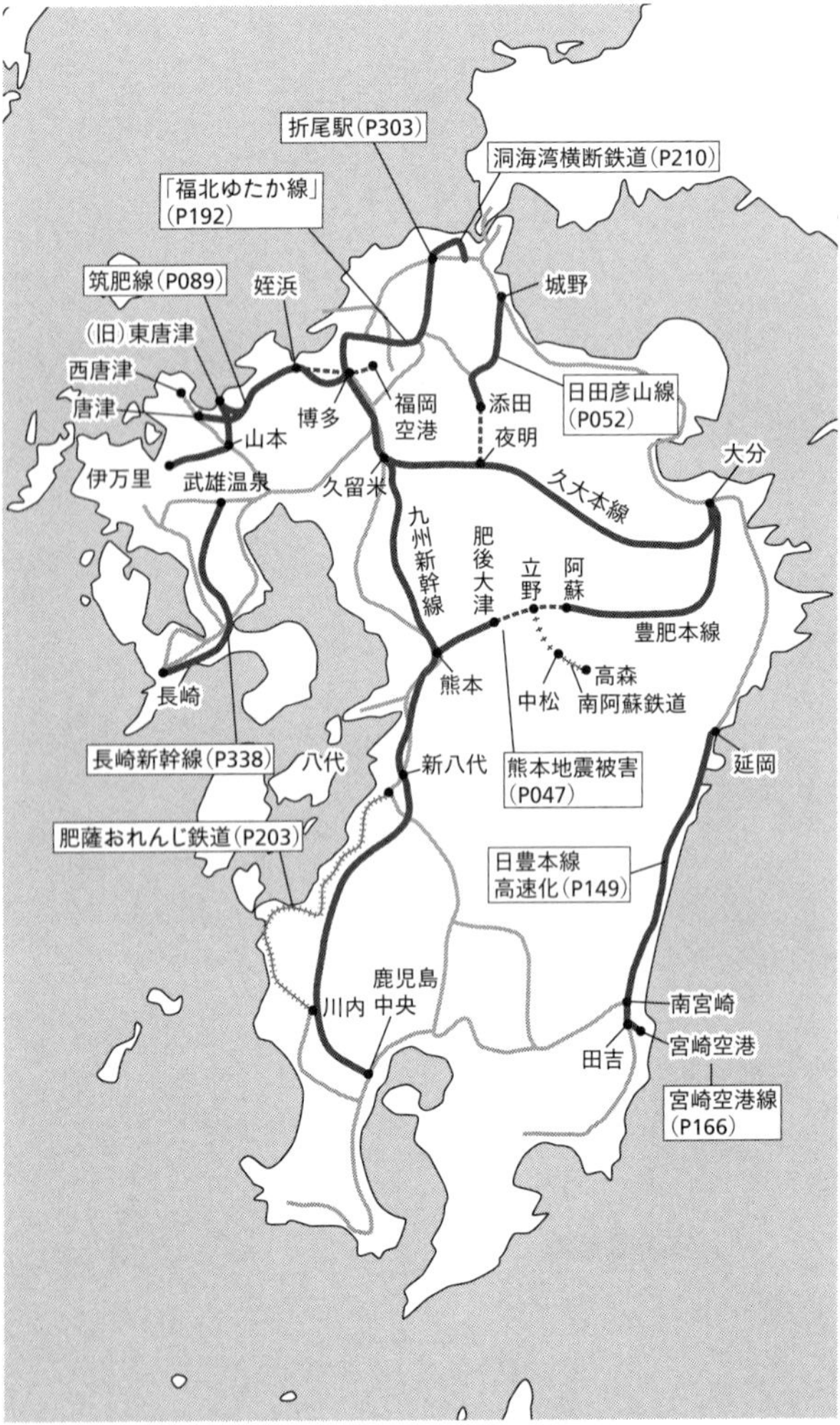

図表2　本書で紹介する主な路線

ＪＲ九州の光と影　目次

第二章　数字で読み解くJR九州の経営

第三章　国鉄時代の九州の鉄道

第四章　ＪＲ九州の躍進——一九八七〜一九九〇年

第五章 総合サービス企業への変革――一九九一～一九九五年

第七章　新幹線開業前夜の九州の鉄道――二〇〇一〜二〇〇三年

第九章　新幹線の全線開業と輸送体系の再構築——二〇〇七〜二〇一一年

第一〇章 上場へ向けた事業の再編――二〇一二〜二〇一六年

企画・編集協力：株式会社 清談社、畑祐介
撮影：芥川竣哉

第一章　ＪＲ九州の光と影

外資の介入を許した株式上場

国鉄の分割民営化は、とりあえず国が全株式を保有する特殊会社として成立したが、最終的にはＪＲ全社が株式を上場して国の持ち株はすべて売却する予定であった。そして一九九三年一〇月、まずＪＲ東日本の株式が上場されて完全民営化を果たした。国鉄改革の目的のひとつは国鉄時代に累積した債務を整理することであり、ＪＲ株式の売却益も国鉄債務の返済にあてられることになっていた。

ＪＲ各社とも最初の一〇年は好調であったが、次の一〇年で本州三社と三島会社の経営成績に格差が拡大し、株式の上場も、本州三社は比較的スムーズに進んだものの、三島会社と貨物会社は上場の基準を満たせるような経営状況ではなかった。そのなかで、ＪＲ九州は発足当初から関連事業の開発を熱心に進め、鉄道事業の依存度が急速に低下していった。そして九州新幹線の開業による旅客数と運輸収入の増加により、鉄道事業の自立の見通しが立った段階で株式の上場が決まった。

国は二〇一四年一〇月に「ＪＲ九州完全民営化プロジェクトチーム」を立ち上げ、翌年の一月までに一〇回の検討会を開催して最終的に「とりまとめ」を発表した。

ＪＲ九州は固定資産税の特例、経営安定基金による利益調整など従来の支援措置の継続を希望した。しかし、経営安定基金は取り崩しが禁止されており、運用についても国による規制を受ける、会社の自由にならない資金である。また、JR九州の純資産のうち四三%を占めるというバランスシートの歪《ゆが》みが株式上場の障害となると想定された。

極端な話、鉄道事業をやめてしまえば経営安定基金で巨額の運用利益を獲得することも可能である。完全に自立した民間企業となった場合にこの巨額な資金を自由にさせることが適当なのかという問題であった。

そこで二〇一六年度以降、鉄道建設・運輸施設整備支援機構に対して支払われる九州新幹線の使用料二二〇五億円を一括で前払いすること、経営支援策として鉄道・運輸機構から借り入れた無利子借入金八〇〇億円を一括償還すること、地方路線の維持のために今後の鉄道の安全性を担保する投資資金として八七二億円をJR九州に残すことを決めた。今後も具体的な投資内容は事前に国の確認を受ける必要がある。

二〇一五年六月三日、JR九州の株式上場に必要な改正JR会社法が参議院本会議で可決されて成立した。翌年一〇月の株式の上場と鉄道・運輸機構の持ち株の売却が決定した。

一〇月七日から一四日までブックビルディング（新規上場株式価格決定手続）が行われたが、これは仮の売却条件を示したうえで購入希望者から希望数と価格の申告を受けるもので、この結果を反映するかたちで実際の売り出し価格が決定する。一〇月一七日に国内での売り出し数一億二〇〇〇万株、海外での売り出し数四〇〇〇万株と、一株あたりの売り出し価格の二六〇〇円が決定した。そして一〇月一八日から二一日まで申し込みを受けつけ、二五日に引き渡しを実施して上場と株式の売却が完了した。同日、東京証券取引所では同社の株式に三一〇〇円の初値がついた。

株式の上場を実現すると新たな問題が生まれた。現在、アメリカの投資ファンド、ファーツリー・パートナーズがJR九州株式を買い増ししている。二〇一九年三月には六・一%まで持ち株比率を高め、最終的には一五%までの引き上げを目指しているという。投資ファンドは企業や公共機関、個人投資家の資金の運用を委託され、毎月運用実績の報告が義務づけられている。つねに利益を上げなければ資金が集まらないので必死である。

ファーツリー・パートナーズはJR九州に対して自己株式買いを非公式に求めていた。「日本経済新聞」によると、JR九州の青柳社長はアメリカでファーツリーと協議したという。しかし、お互いに主張を述べ合っただけで、すれ違いに終わった。六月の株主総会では、会社側は事前に委任状を集めていたこともあって、株主提案を反対多数で否決した。

観光列車に力を入れている理由

JR九州は南九州を中心に縦横に観光列車が運行されている。国鉄時代からのジョイフルトレインは速度が遅いために一九九四年にすべて廃止されたが、ただ久大《きゅうだい》本線の「ゆふいんの森」は異質な観光列車であり、高速運転の必要がない線区であるために残された。この新しいタイプの観光列車が九州新幹線の開業にともなって拡大していった。

この「ゆふいんの森」に始まる観光列車の運行開始を取り仕切ったのが、のちに社長に就任する唐池恒二《からいけこうじ》氏である。一九五三年生まれ、石井社長より二〇歳も下で、当時はまだ三〇代の青年であった。京都大学法学部の卒業であるが、勉強より柔道に熱心に取り組んだという。JR九州は天の配剤を得たことになる。

九州には多くの温泉地があるが、そのなかで最も成功した温泉地が湯布院《ゆふいん》であろう。もともと静かな山間《やまあい》の温泉郷であった。昭和三〇年代に各地の温泉が大衆化して歓楽街が形成された時期に、当時の町長は自然や環境を守るために歓楽街に反対した。この町長の活動に共鳴した若者が湯布院で文化イベントを実施したりして、当時の「リゾート化」とは違う観光地開発に取り組んだ。結果的に若者を中心に人気が高まり、福岡から多くの行楽客がやってくるようになり、ブームとなっていった。このような個性を持った観光地であることから、ＪＲ九州も一九八九年に個性的な観光列車「ゆふいんの森」を開発して投入した。客室乗務員のきめの細かいサービスにより、シニアや子ども連れも安心して利用できる観光列車として高く評価されている。

①特急「ゆふいんの森」

博多－別府《べっぷ》間を結ぶＪＲ九州が投入した「オランダ村特急」に続く観光列車である。車内の小倉工場のデザイナーによる丸みのあるレトロ風の車体で、全体を緑に塗装されている。四両ないし五両編成で、全車ハイデッカーでビュッフェと売店が設置されている。全車指定席で、毎日三往復運転されるが、車両検査時はキハ１８５系の臨時特急「ゆふ」として運転される。

②特急「九州横断特急」

二〇〇四年に豊肥本線で運行を開始した。ＪＲ四国から譲り受けたキハ１８５系気動車二両編成。現在、二〇一六年熊本地震によって肥後大津《ひごおおづ》－阿蘇《あそ》間の運転見合わせが続いており、別府－阿蘇間を「あそぼーい！」を運転しない日に一往復だけ運転している。一両

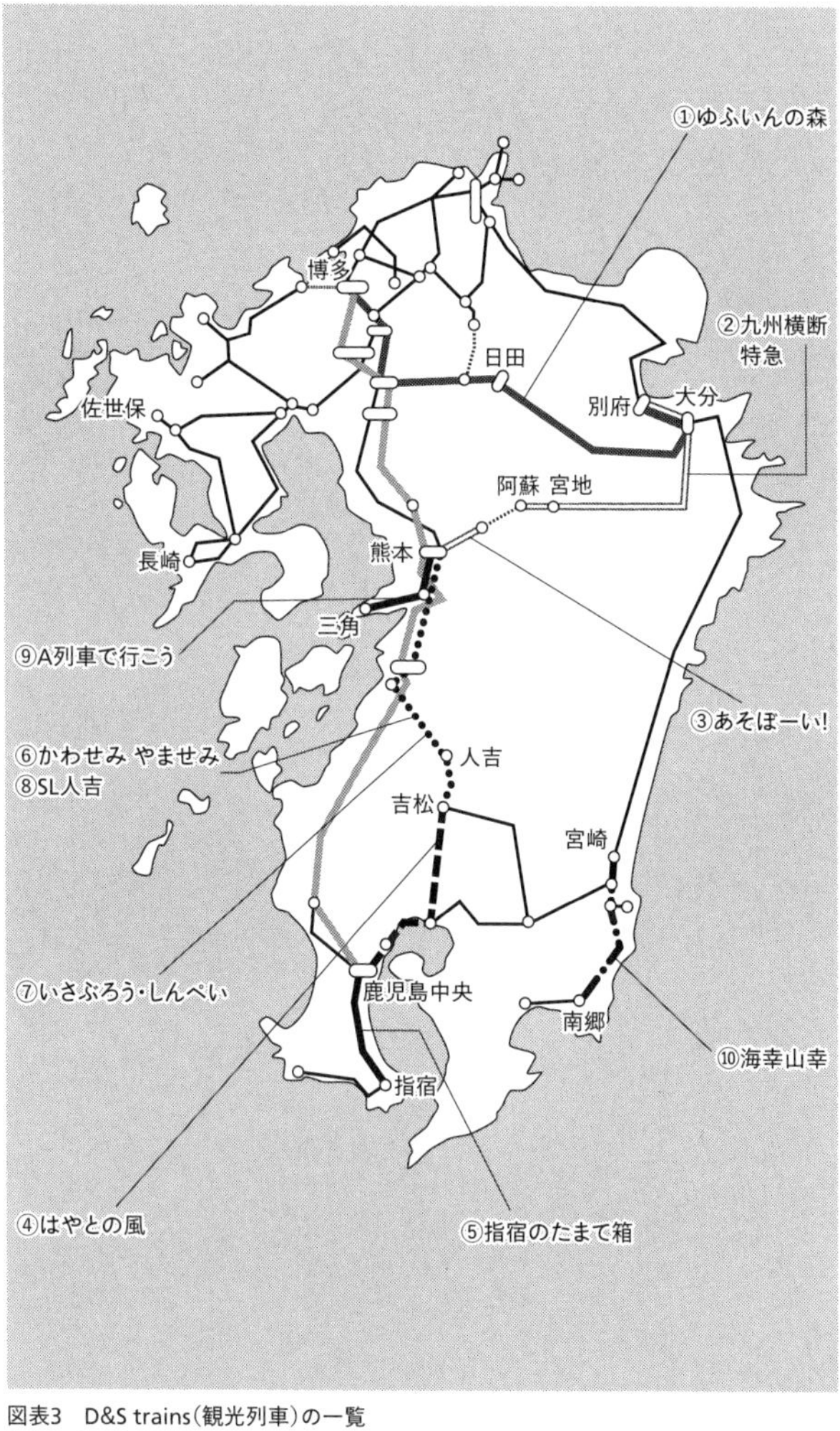

図表3 D&S trains(観光列車)の一覧
出典:JR九州「FACT SHEETS 2018」より筆者作成

が指定席車である。久大本線にもキハ185系特急「ゆふ」が運転されているが、「九州横断特急」が全体が赤系色で塗られているのに対して、「ゆふ」は車体の上部だけが赤系の帯になっている。

③特急「あそぼーい！」

二〇一一年に豊肥本線で運行を開始したが、二〇一六年熊本地震で豊肥本線が大規模に被災したため、現在もなお運休が続いている。震災前は豊肥本線の熊本－宮地《みやじ》間を金～月曜日と祝日、夏休み中に一日二往復していた。前面展望席のキハ183系1000番台四両編成で、全車指定席。現在は別府－阿蘇間を一日一往復運転している。

ローカル線にも進出を果たした観光列車

二〇一一年三月一二日に九州新幹線が全線開業した。博多まで大幅に時間が短縮するとともに、新大阪まで直通列車が走るようになったことで、観光客の誘致には絶好の機会であった。そこで九州新幹線から観光客が鹿児島県一帯に観光を楽しめる工夫《くふう》として各路線に観光列車が設定された。そのなかには従来は特別快速や快速・普通列車として運転していた観光列車も含まれ、新たに観光特急網として編成し直された。

④特急「はやとの風」

九州新幹線新八代《しんやつしろ》－鹿児島中央間の開業に合わせて運行を開始し、南九州の観光特急の嚆矢《こうし》である。

肥薩線など人吉《ひとよし》－鹿児島中央間を運転している。キハ147形（キハ47形の強力タイプ）とキハ47形二両を改造して専用車としている。検査の際には「指宿のたまて箱《ばこ》」の予備車が使われる。繁忙期の毎日と土休日に運転する。

キハ147形を水戸岡鋭治デザインに改造した「はやとの風」

⑤特急「指宿のたまて箱」

鹿児島中央－指宿間を一日三往復している。もともと特別快速「なのはなDX《デラックス》」であったが、所要時間そのままで、専用車両に置き換えて特急に格上げされた。

専用車両は車体の左右が白と黒で分かれ、座席はクロスシートのほか、窓を向いた座席、ソファー席、ボックス席などのバリエーションがある。専用車両はキハ47形二両とキハ140形一両があり、通常は二両編成で運転し、週末や多客期には三両編成となる。全車指定席。

⑥特急「かわせみ やませみ」

熊本−人吉間で鹿児島本線と肥薩線を運行する観光特急である。キハ47形二両を専用編成に改造した。人吉、球磨《くま》地方のヒノキと八代《やつしろ》産のイグサが使われるぬくもりのある内装にまとめられている。

3〜6号は全車指定席で、基本的にワンマン運転であるが、平日3〜6号、土休日1〜6号には客室乗務員が乗務する。

⑦特急「いさぶろう・しんぺい」

熊本・人吉−吉松《よしまつ》間で運行する。下り列車「いさぶろう」と上り列車「しんぺい」が対《つい》になる、上下で名称が異なるめずらしい列車である。

キハ140形一両（キハ40形の強力タイプ）とキハ47形二両を木造車の雰囲気に改造して専用車両としているが、検査で工場に入場するときは該当する車両を一般車に差し替えて運行する。通常は二両編成であるが、週末や多客期には三両編成となる。自由席もあるが、数が少ない。

普通列車用の車両を改造したとは思えない
「かわせみ やませみ」車内（上）、
キハ147形を改造した「かわせみ やませみ」（中左）と、
キハ140形を改造した「いさぶろう・しんぺい」（中右）、
静態保存から現役復帰を果たした蒸気機関車
8650形58654が50系客車を牽引する「SL人吉」（下）

⑧特急「SL人吉」

大正時代に製造された8620形蒸気機関車が大正時代をイメージした50系客車三両を牽引《けんいん》する。

現在は熊本－人吉間を金～月曜日と祝日に一日一往復運転。全車指定席である。

新たな需要を喚起した観光列車

有力な観光地の周辺に位置するものの、メインルートから外れる路線にも多くの観光資源が存在し、なかには全国的に知名度の高いものもある。それらに観光列車を設けることでライトを当てる取り組みも行われた。

⑨特急「A列車で行こう」

熊本と三角《みすみ》線三角を結ぶ。キハ185系二両の内外装をクラシックな落ち着いた雰囲気に改造し、ボックス席やバーカウンターが設けられた。金～月曜日と祝日、夏休み中に運転し、全車指定席である。

⑩特急「海幸山幸」

宮崎と日南線南郷《なんごう》を結ぶ。水害がきっかけで廃止された高千穂《たかちほ》鉄道の気動車二両を譲り受けて「木のおもちゃ」のイメージに改造された。金〜月曜日と祝日、ゴールデンウィーク、夏休みに運転する。一部自由席もある。

元JR四国のキハ185系を改造した「A列車で行こう」(上)、キハ47形を改造した「或る列車」(下)

極上の旅を追求したツアー向け観光列車

⑪JRKYUSHU SWEET TRAIN「或る列車」

一九〇六年に九州鉄道がアメリカから輸入した豪華客車をイメージしてキハ47形二両を改造した。この豪華客車はまもなく国有化したために客車として使用された時期はわずかであった。戦前には鉄道ファンのなかでも謎の車両とされ、「或《あ》る列車」という呼び名が定着した。

水戸岡鋭治氏のデザインで、横浜《よこはま》にある「原《はら》鉄道模型博物館」の副館長・原健人《けんと》氏が監修してスイーツ列車として再現された。スイーツは成澤由浩《なりさわよしひろ》氏がプロデュースする。現在は長崎コース佐世保《させぼ》－長崎間と大分コース大分－日田間があり、ツアー商品として販売している。特別企画で別ルートを走る場合もある。二〇一九年夏は大分ルートのみの運行。

⑫「ななつ星in九州」

JR九州の観光列車の極めつきが「ななつ星《ぼし》in九州」である。ディーゼル機関車が牽引する客車列車で、ヨーロッパで活躍したワゴン・リーの豪華列車より空間を贅沢に使って陸の豪華クルーザーのイメージを作り上げた。

客車には、スイートは一両に三室、DXスイートだと二室しか設置していないため、定員数は少なく、上質のサービスだけでなく、車室のスペースのコストは大きい。

運行ルートは二泊三日のコースと三泊四日のコースなどが設定され、二〇一九年三〜九月分では三泊四日のコースでスイート六七万〜七四万円、DXスイートBが八〇万〜八五万円、DXスイートAが九〇万〜九五万円である。二名で一室を利用した場合の一人分の料金で、季節によって変動する。

九州新幹線と阿蘇山観光に打撃を与えた熊本地震

二〇一六年四月一四日21時26分ごろ、熊本県を震源とする最大深度七の地震が発生した。熊本駅と熊本総合車両所のあいだを走行していた800系新幹線六両編成の回送5347A列車が二四軸中二二軸が脱線して動けなくなった。現場での震度は六弱と六強の境界であった。九州新幹線は終日運行を中止し、三列車が途中で停止したが、乗客の救出が終わったのは翌日の午前1時17分であった。

脱線位置と同じ変電所の給電区間に熊本駅が含まれていたことから、博多−熊本間の折り返し運転もできなかった。四月二〇日に新水俣《しんみなまた》－鹿児島中央間の部分開通ののち、二三日に熊本県内で徐行運転区間が残るものの、全線で運行を再開した。ただし山陽《さんよう》新幹線との直通運転は中止したままであった。

在来線の鹿児島本線も一五日は荒尾《あらお》－八代間を運休。高速道路も寸断されていたため、陸路は完全に遮断された。まもなく15時に荒尾－熊本間の運行を再開、急遽《きゅうきょ》予備車を総動員して博多－熊本間に臨時特急が運行された。16時52分には熊本－宇土《うと》間で運行を再開した。そのほか、三角線宇土－三角間、肥薩線八代－吉松間も運行を中止したが、三角線は四月二三日の午後から、肥薩線は四月二四日から運行を再開した。

豊肥本線は四月一四日の地震で運休したが、一六日に運転再開のために回送していた列車が同日の最大震度七の本震によって赤水《あかみず》駅付近で脱線。また、肥後大津－阿蘇間で大規模な斜面崩壊があったほか、各所で落石などが発生して全線で運転を中止した。その後、一七日に豊後竹田《ぶんごたけた》－大分間、一九日に熊本－肥後大津間、二八日に豊後荻《おぎ》－豊後竹田間と順次運転を再開。さらに七月九日に阿蘇－豊後荻間を開通して「九州横断特急」を阿蘇－別府間で運行を再開した。宮地－豊後竹田間は普通列車五往復が運転するが、阿蘇－宮地間は「九州横断特急」のみの運行で、同区間については快速として運転した。

最も被害が大きかった肥後大津－阿蘇間は二〇一七年四月から国と自治体が斜面対策を実施したうえで、ＪＲ九州が軌道、盛《も》り土《ど》、トンネル、橋梁《きょうりょう》などの鉄道施設の工事を進めているが、まだ開通にいたっていない。

その後、二〇一六年九月一七日に台風一八号で土砂流入や路盤流失が発生し、阿蘇－中《なか》

JR九州のフラッグシップの役割を果たす
九州新幹線800系（上）、
熊本地震以来一部運休が続く
南阿蘇鉄道のレトロ調車両MT3010形気動車（下）

判田《はんだ》間が再び不通となる。九月二二日に阿蘇－三重町《みえまち》間、一〇月二日に三重町－中判田間の運転を再開したが、二〇一八年九月三〇日には台風二四号により、一〇月三日まで大分大学前－阿蘇間が一時不通となった。

また、四月一六日の地震では南阿蘇《みなみあそ》鉄道でも大きな被害を受け、二〇一六年七月三一日に中松《なかまつ》－高森《たかもり》間の運転を再開したが、残る立野《たての》－中松間は現在も開通にいたっていない。

九州新幹線は二〇一六年四月二八日に臨時ダイヤで山陽新幹線と直通運転を再開。七月四日に徐行を解除して本来のダイヤが復活した。また、「B＆Sみやざき」の宮崎－新八代間のバスはすべて新八代で九州新幹線と接続した。

国の助成金の交付を受けた「九州ふっこう割」

「復興割」は旅行会社が企画する旅行商品に対して国が助成金を交付する制度。二〇一七年四月の熊本地震に対して七月八日から旅行商品「九州ふっこう割」が発売された。最初は大分県向けの商品を開始したが、七月一五日に福岡県、佐賀県、長崎県方面、七月二二日に鹿児島県方面、七月二九日に宮崎県方面が追加された。

「JR九州旅行」のホームページに「ふっこう割」の専用ページを設け、割引クーポンを取得できるというもの。金額は一例として福岡、長崎方面でのＪＲの「九州ふっこう割」の旅行商品は、ＪＲの料金、運賃と宿泊の総額が二万円以上の場合に一万円、三万円以上の場合は一万五〇〇〇円、五万円以上の場合は二万円が交付された。ただし予算が尽きたら発売を終了することになっていた。九月九日からは第二期（一〇～一二月）の発売を開始し、ＪＲ九州は熊本県と大分県方面、長崎県方面のみ「ふっこう割」の発売をしたが、一一月から福岡県、熊本県、大分県、鹿児島県、宮崎県方面の助成金を追加設定した。

豪雨被害の久大本線を元気づけた観光列車の臨時運行

二〇一七年七月五日から翌日にかけて停滞した梅雨《ばいう》前線による集中豪雨があり、福岡県朝倉《あさくら》市や大分県日田市などで記録的な雨量を記録した。土砂崩れや山津波によって甚大な被害を発生させた。この災害は「二〇一七年七月九州北部豪雨」と名づけられた。

久大本線の光岡《てるおか》－日田間の花月川《かげつがわ》橋梁が流失したほか、日田彦山線でも添田《そえだ》－夜明《よあけ》間第二彦山川《ひこさんがわ》橋梁の傾斜、福井《ふくい》橋梁盛り土・軌道流失、第三彦山川橋梁の変状、大行司《だいぎょうじ》駅構内の切取崩壊と駅舎の全壊など六三カ所におよぶ被害があった。当初、二〇一八年度夏をめどに早期復旧に取り組むとしていたが、再度の水害で被災し、まだ開通していない。

久大本線は二〇一八年七月一四日に始発から全線で運転を再開した。

これを記念して大分県と新幹線活用久大本線活性化協議会などが主宰して「久大本線ぜんぶつながるプロジェクト」が実施された。

このプロジェクトの一環で、七月二一日から九月三〇日までの金~月曜日を中心にJRKYUSHU SWEET TRAIN「或る列車」が大分－日田間を一往復した。午前便は大分発9時46分、日田着12時07分、午後便は日田発14時48分、大分着17時12分で、それぞれ別のツアーに組み込まれた。七月二二日の日曜日は大分－筑後吉井《ちくごよしい》間の特別運行を行ったが、「或る列車」初の筑後吉井乗り入れとなった。

また、七月二八日には「ななつ星in九州」の一泊二日コースのうち二日目がコースを変更して久大本線経由での運行となった。

七月三一日には大分－豊後森《もり》間で通常は豊肥本線を走る「あそぼーい！」のキハ183系1000番台を運転した。

自力復旧が難しくなった日田彦山線

二〇一八年七月には停滞する梅雨前線を台風七号が刺激するかたちで、西日本を中心に水害が発生した。九州では筑豊《ちくほう》本線の桂川《けいせん》－原田《はるだ》間（通称・原田線）が七月六日から運行を中止、再開は翌年の三月九日。その間は代行バスが運行された。

日田彦山線は被害規模が大きいのに加え、もともと利用が少ない路線と区間であるため、復旧することがすんなり決まらなかった。沿線自治体とJR九州は「日田彦山線復旧会議」と「日田彦山線復旧会議検討会」を開催し、復旧の方針と費用の負担について議論が交わされた。

二〇一九年一月一六日の復旧会議の検討会で、JR九州は、路線維持には年間一億六〇〇〇万円の収支改善が必要とし、沿線自治体に対して支援を求めた。JR九州は過去三〇年間にわたってワンマン化など省力化を進めることで運行コストを半減してきたが、これ以上のコスト削減は難しいとした。災害前は年間二億六六〇〇万円の赤字を出していたという。

沿線自治体は二〇一八年七月に地元イベントを開催して買い物特典などによる利用促進策を実施し、一月一六日にこの増収効果を二五二一万円とした。しかし、JR九州の試算額では三八一万円にとどまり、増収策は不十分との見解を示した。

前年の一〇月にJR九州社長と福岡県知事、大分県知事のトップ会談で鉄道を復旧することを確認していたが、具体的な支援額が示されると、自治体としてもなかなか了解できなかった。経営支援を前提に日田彦山線の復旧費五六億円の半額を国と自治体の折半で財政支援することを求めた。

二〇一九年四月をめどに日田彦山線復旧会議は結論をまとめる予定にしていたが、難航した。

二〇一九年四月二三日に福岡市内で復旧会議が開催され、JR九州社長と福岡県、大分県の知事と市町村長が一堂に会した。

JR九州は従来の主張のとおり、鉄道復旧には自治体の財政支援が不可欠であり、利用促進策と運行支援で年に一億六〇〇〇万円の支援を求めた。それに対して自治体からは利用促進策を提案しているところであり、JR九州が運行支援を求めることについて再考を求めた。

このような議論のなかで、線路敷を舗装し、専用道路にしてBRT（Bus Rapid Transit）を走らせる方式がひとつの選択肢として提案された。比較されるのは一般道を走るバスと鉄道復旧であるが、添田－夜明間を鉄道は平均四四分、路線バスは六九分。それに対してBRTは四九分で、ある程度の速達性は確保できるという説明であった。

新たにBRT方式が提案されたことで結論は先送りされた。

日田彦山線の利用状況は一九八七年度に城野《じょうの》－田川後藤寺《たがわごとうじ》間が三二八七人、田川後藤寺－夜明間一一〇三人であったのが、二〇一六年度には城野－田川後藤寺間が二五九五人と減り方が小さいのに対して、田川後藤寺－夜明間は二九九人と大きく減少してしまった。もともと北九州《きたきゆうしゆう》と由布院《ゆふいん》を結ぶ最短ルートであったが、現在は大分経由、あるいは博多経由の「ゆふいんの森」利用にシフトしてしまっている。さらに運休中の添田－夜明間については一九八七年度の六六五人から、二〇一六年度には一三一人にまで減少し、全国的に見ても利用が少ない路線となってしまった。この区間に一九八七年と同じ二二本が設定されている。

利用喚起策として、被災前に日田彦山線活性化推進沿線自治体連絡会が「ゆふいんの森」「あそぼーい!」の車両、「SL人吉」の客車を使ってツアー列車を運転したほか、ちくほうBEPPiN委員会、香春《かわら》町観光協会が「A列車で行こう」を運行。また、香春町観光協会はイルミネーション列車を実施した。

九州全土を巡業する豊肥本線の「あそぼーい！」

豊肥本線は二〇一六年四月の熊本地震で再び被災したため、特急「九州横断特急」は阿蘇－別府・大分間の折り返し運転を実施（阿蘇－宮地間は快速）。特急「あそぼーい！」は運転を中止した。この「あそぼーい！」の車両であるキハ１８３系１０００番台を活用して二〇一六年五月から九月にかけての木曜日から日曜・祝日、博多－門司《もじ》間一往復を運転。八月三一日については筑豊篠栗《ささぐり》鉄道事業部と日田彦山線活性化推進沿線自治体連絡会が主催して『特急「あそぼーい！」の車両で行く日田彦山線の旅』のツアー列車が運行された。

同年一〇月から翌年二月までは博多－ハウステンボス間を運転。そして二〇一七年七月からは翌年一月まで本来の運転線区である豊肥本線に戻って大分－阿蘇間を運行した。これに合わせて別府－阿蘇間で特急指定席乗り降り自由の「ＧＯ！ＧＯ！阿蘇・奥豊後《おくぶんご》きっぷ」を発行した。福岡市内発は七三〇〇円、北九州市内発は七一〇〇円、別府、大分発は五〇〇〇円。

さらに二〇一八年六月二七日だけキハ１８３系１０００番台で筑肥《ちくひ》線初の特急を唐津《からつ》－筑前前原《ちくぜんまえばる》間で一往復運転した。

ＪＲ九州の未来を懸けるタイ進出

ＪＲ九州はいま、タイのバンコクでの事業展開に熱心である。人口減少による国内市場の縮小へのリスクヘッジとして海外市場へ乗り出したかたちであるが、対日国民感情が良好で多くの日本企業が進出しているタイを最初に手がける国として選択した。

二〇一七年五月二日に情報収集のため、事業開発本部企画部の下にバンコク事務所を設置し、日本人駐在員二名とタイ人スタッフ二名の小ぢんまりした陣容で始まった。同年一一月には現地子会社としてタイＪＲ九州キャピタルマネジメント（JR Kyushu Capital Management（Thailand）Co., Ltd）を設立するとともに、サービスアパートメント（メイドサービスつき）の運営に関してONYX Hospitality GroupのAmari Hotels and Resorts Co., Ltd.と提携してタイＪＲ九州ビジネスディベロップメント（ＪＲ九州とJR Kyushu Capital Management（Thailand）Co., Ltdが四九％ずつを出資）を設立。地上三二階建てと地上二七階建て、築二〇年のサービスアパートのツインビルShama Lakeview Asoke Bangkokを買収した。このサービスアパートをリニューアルし、二〇一九年四月一日にホテルAloft Bangkok Sukhumvit 11を開業した。

また、二〇一八年九月に地元の不動産ディベロッパーのAll Inspire Development

PCL（Bangkok）が五一%、東京都千代田区《ちよだ》に本拠を置くフージャースホールディングスの一〇〇%子会社であるHoosiers Asia Pacific Pte. Ltd.（Singapore）が二九%とＪＲ九州二〇%の三社が共同出資してAHJ Ekkamai Company Limitedを設立してバンコクでの分譲マンション事業に参入。地上二五階と地上四三階のマンション開発IMPRESSION EKKAMAIに参加した。

住民の生活に打撃を与えた大減便（二〇一八年三月一七日ダイヤ改正）

ＪＲ九州は設立以来続いてきた増発、増結、輸送力増強の流れを大きく方向転換させた。「地域に寄り添う経営」を標榜《ひょうぼう》してきたＪＲ九州の地域切り捨てとする批判も多く聞かれた。このダイヤ改正では新幹線や在来線の特急を含む一一七本が減便された。とくにローカル線ではもともと運転本数が少ないところでの減便であるため、通学生を中心に一部で混乱も見られた。

新ダイヤの概要がネット上で発表されると、各地の自治体から反発が見られた。二〇一八年一月二三日には福岡県の小川洋《おがわひろし》知事が定例記者会見で、「地元市町村から強い不安、不満の声が上がっている」と認識を表明。一月三〇日には福岡県地域交通体系整備促進協議会がＪＲ九州に要望書を提出し、二月一日には下関市《しものせき》の前田晋太郎《まえだしんたろう》市長がＪＲ九州に対して見直しを申し入れた。

三月一七日にダイヤが改正されると、各地で問題が発生した。一両に減車されたために通学の高校生に積み残しがあって学校に遅刻したというもの。

鹿児島県では鹿児島本線や指宿枕崎線など七路線で三五本が削減されたことから、県内九六高校と沿線一四町村を対象に影響調査を実施。その結果、二〇一八年五月二四日に鹿児島県鉄道整備促進協議会はＪＲ九州に対して肥薩線一本、指宿枕崎線五本、日豊《にっぽう》本線二本の復活を求める要望書を提出した。一二五日には九州内七県で組織する九州地域鉄道整備促進協議会はＪＲ九州に「特別要望書」を提出したが、そのなかで指摘されていたのは、改正後に保護者による学校への送迎が必要になっているとして減便の見直しを求めた。これに対してＪＲ九州は吉都線で単行運転に減車された列車を四月から暫定的に二両に戻し、六月からは正式に定期ダイヤに組み込まれた。さらに五月三〇日にＪＲ九州の社長定例会見で七月一四日にダイヤを修正することを表明するも、見直しは限定的との見解が示された。今後もローカル線を維持していくには、おのずから適正な本数があるという考え方である。

しかし、近時の地方での鉄道の旅客の減少は通学時の事故や事件を心配して親が車で学校まで送迎するケースが増えたことも大きな要因となっている。減便によって都合が合う列車がなくなったことで親の送迎が必要になったということは、いっそうの旅客の減少につながることにならないのかと危惧される。

また、このダイヤ改正では日豊本線の「にちりん」「きりしま」「ひゅうが」など四両編成で運行する特急のワンマン運転が拡大された。前年の三月四日に「にちりん」五往復、「ひゅうが」一往復半で始まった。もともと特急「九州横断特急」もワンマン運行であるが、途中で特急券のチェックのために車掌が乗務しており、また観光特急には客室乗務員も乗務していた。完全に客室から乗務員や車内販売員が消えたことで、特急券の無札乗車や治安の悪化が心配されたが、現在のところ大きな問題は発生していない。

第二章

数字で読み解くＪＲ九州の経営

九州新幹線の開業で乗客数は減ったものの乗車距離は増加

JR九州が発足すると、都市間の特急のネットワークを強化するとともに、大都市近郊では短編成化により、列車本数の増加を進めた。その効果があって、輸送人キロ（輸送人員×平均乗車キロ）は一九八七年度の七六六四百万人キロから一九九六年度の八六八六百万人キロまで増加した。また輸送人員で見ても、一九八七年度の二四二百万人から一九九六年度の三二三百万人まで増加している。

かつては貨物列車や特急、急行の隙間を縫って走っていた普通列車が大増発され、都市部の鉄道の利便性が大きく高まった時期である。

一九九六年一月に運賃が引き上げられ、翌年の四月には消費税率の引き上げにともなう値上げが続いた。そのため、一九九七年度からは輸送人キロ、輸送人員のいずれも減少に転じ、その傾向は二〇〇二年度まで続いた。二〇〇二年度の輸送人キロは七九七〇百万人キロ、輸送人員は二九七百万人まで減ったが、二〇〇四年三月に九州新幹線新八代－鹿児島中央間が開業し、二〇〇四年度の輸送人キロは八一三六百万人キロまで増加した。しかし、二〇〇四年度の輸送人員は二九三百万人と逆に減少しており、全体としての減少傾向が続いているなかで、新幹線開業による遠距離の旅行客が増加して人キロが増加したとい

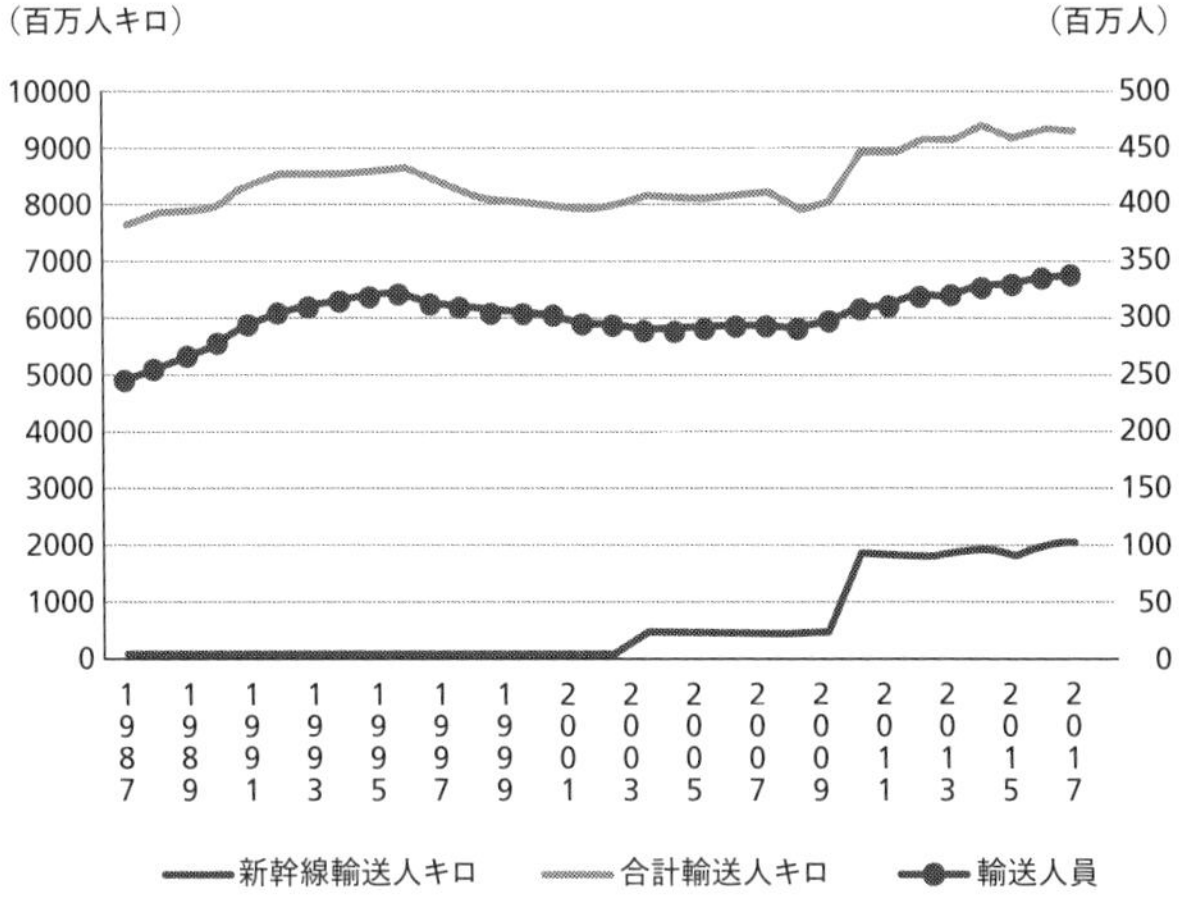

図表4　JR九州の輸送人キロ、輸送人員（1987〜2017年）
出典：各種資料より筆者作成

うことであろう。

　その後、人キロはほぼ横ばいで推移し、二〇〇九年度には七九〇二百万人キロ、二〇一〇年度は八〇七四百万人キロに減少した。これは新燃岳《しんもえだけ》の噴火とそれに続く東日本大震災による旅行の手控えによる影響である。二〇一一年度は同年三月一二日に九州新幹線が全線開業して八八八八百万人キロと、新燃岳噴火と東日本大震災の前の二〇〇八年度の八二〇五百万人キロに比べても大きく増加した。その後はわずかな増減があるものの、ほぼ横ばい状態が続いている。

　鉄道運輸収入は一九八七年度の一〇六九億円からわずかずつ増加したが、一九九六年度は運賃の引き上げによって一気に一三〇四億円まで増加した。しかし、一九九七年度には一二五二億円に減少し、その後は二〇〇二年度の一一一九億円まで減少を続けた。二〇〇四年三月の九州新幹線新八代－鹿児島中央間の開業により、二〇〇四年度は一二〇四億円に増加した。二〇〇二年度に比べると八五億円の増加である。二〇一一年三月の九州新幹線全線開業により、二〇一一年度の鉄道運輸収入は一四一六億円と前年に比べて三六七億円増加、二〇一一年の運輸収入のうち新幹線の収入は四九八億円で、増収額のほとんどが新幹線の開業によるものであった。その後は徐々に運輸収入は増え続けている。

ＪＲ九州の単体の営業収益は一九八七年度に一二九八億円から一九九五年度には一七六六億円まで増加したが、一九九八年度には一五九〇億円、二〇〇六年度は一六二〇億円にとどまる。これはＪＲ九州設立時に直営でさまざまな関連事業を経営していたが、それぞれの事業の経営規模が増大するにしたがって徐々に独立し、別の経営となったため、この単体収益から外れたためである。事業開発売上は損益計算書では鉄道事業に含まれる「その他」項目とその他事業の合計額となるが、一九八七年度には八二億円から一九九五年度は三三一億円まで増加し、その後、一九九八年度は一六七億円、二〇〇六年度は二五三億円と推移する。

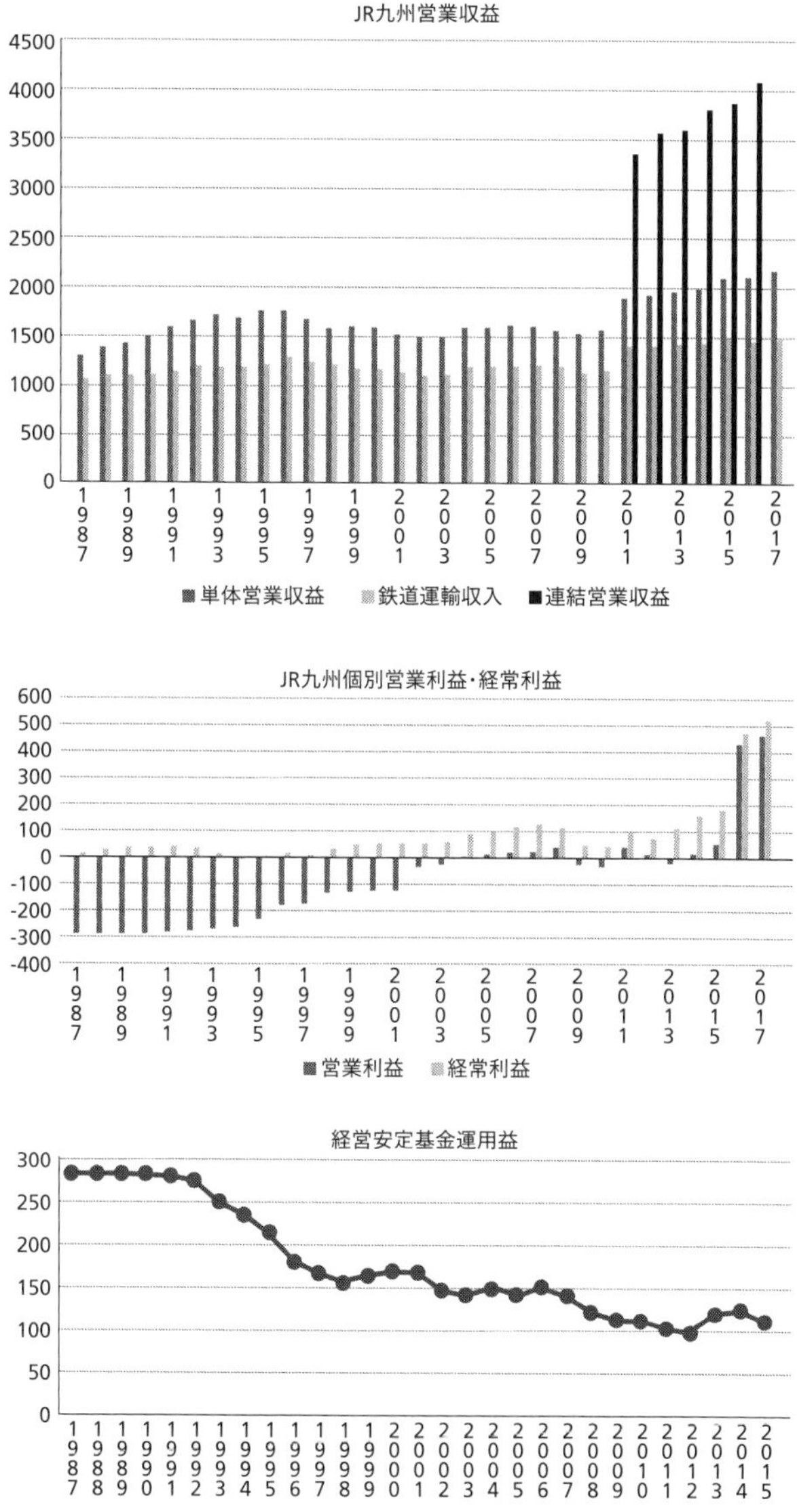

図表5 JR九州の営業収益、経常利益、経営安定基金運用益（億円、1987～2017年）
出典：各種資料より筆者作成

経常利益は一九八七年に一五億円から一九九一年度には四二億円まで増加したが、一九九四年度はバブル崩壊以後の長引く景気低迷による事業開発収入の減少、それと一九九五年一月の阪神《はんしん》・淡路《あわじ》大震災による新幹線とブルートレインの運休を反映して五億円の赤字に転落する。一九九五年度には運賃引き上げの効果が一部あって七億円の黒字、一九九六年度には一九億円に回復した。一九九七年度は消費税率の引き上げによる全国的な景気後退によって一〇億円に減益となったが、一九九八年度に退職者優遇制度を実施したところ、一〇〇〇人以上が応募したことで人件費が大幅に削減され、それ以降は着実に経常利益が増加していった。

二〇〇九年度と二〇一〇年度は新燃岳の噴火と東日本大震災による旅客の減少で経常収支は大幅減益、二〇一一年度には回復した。また、二〇一六年度には一気に四七五億円まで増加するが、これは株式の上場に合わせて減損会計を適用したため、ローカル線を中心に資産価値が大幅に減少して減価償却費が前年度より二二三億円減少したことを反映している。その一方で減額した資産価値は前年度の特別損失に計上したため、その後、二〇一五年度の特別損失は四八一九億円にのぼり、最終損益も四四四四億円の赤字となった。最終損益は二〇一六年度が三七六億円、二〇一七年度は四一六億円と大幅な増益となったた

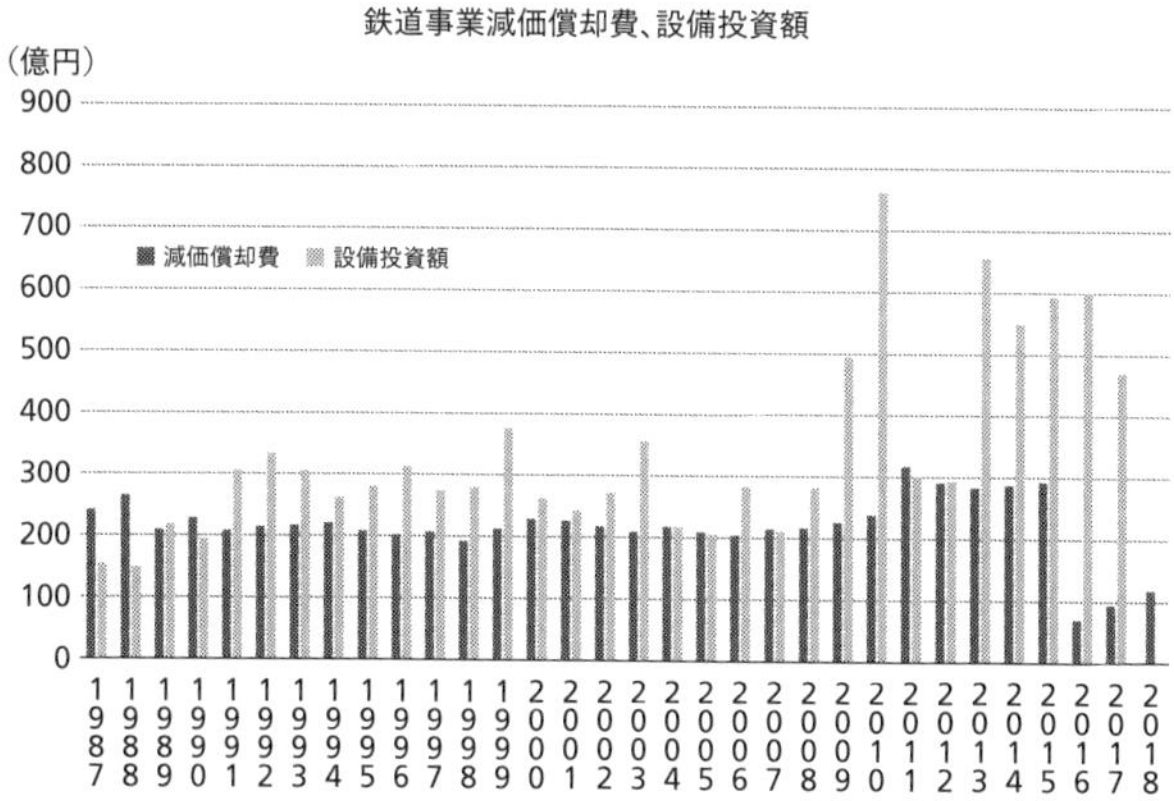

図表6 JR九州の鉄道事業減価償却費と設備投資額（1987～2018年）
出典：上図は各種資料より筆者作成。下図はJR九州「FACT SHEETS 2018」

め、その分、法人税の負担が大きく増加した。投資財源にあてられる無税の減価償却費が大幅に減った結果、設備投資には課税後の内部留保資金で手当てしなければならなくなり、結果的に上場後の財務内容は悪化した。今後のＪＲ九州の経営にとって大きな課題であると考える。

なお、鉄道事業営業利益を穴埋めする経営安定基金運用益（後述）は一九八七年度に二八三億円、一九九四年度に二三七億円、一九九八年度に一五六億円、一九九九年度に一六五億円、二〇〇〇年度に一七〇億円、二〇〇五年度に一四三億円、二〇〇六年に一五一億円と長期的に低下していった。上場前の最終年度の二〇一五年度は一一一億円であった。

ＪＲ九州はもともと連結決算を発表していなかったが、二〇年史の資料によると連結売上高は一九八七年度を一〇〇とすると、二〇〇六年度は二一七と大きく拡大しているという。グループ売上高に占めるＪＲ九州単体の売上高の比率は一九八七年度が八一・八％と高率であったのが徐々に低下し、一九九六年度には五七・四％、二〇〇二年度は四七・二％である。なおＪＲ九州は当初、ほとんどの事業を直営していたため、この数字は鉄道事業の売上高比率ではない。二〇一七年度は連結営業収益四一三三億円に対して単体の売上高は二一九七億円、鉄道事業の売上高（営業収益）は一七一三億円である。連結売上高に対する単体の比率は五三・二％、鉄道事業の比率は四一・四％である。

この鉄道以外の部門の売上の比率が非常に大きいというのがＪＲ九州の特徴である。

北海道より大都市が多い九州

九州の県庁所在地の人口は福岡市一五三万人、熊本市七四万人、鹿児島市五九万人、大分市四七万人、長崎市四二万人、宮崎市四〇万人、佐賀市二三万人と続く。県庁所在地以外では北九州市の現在の人口が九六万人で、九州で二番目の人口規模がある。一九六三年に五市が合併して北九州市ができたときには一〇〇万人を超えていた。その後、一九七九年に一〇八万人まで増加したあとに減少していった。それに対して福岡市は一九六五年の人口は七七万人にすぎなかったが、一九七五年に一〇〇万人を超え、北九州市を抜いて福岡県一の人口規模の都市となる。

JR九州はよくJR北海道と比べられるが、北海道では札幌市が一九六万人のほかは、旭川《あさひかわ》市三四万人、函館市二六万人程度の人口規模でしかなく、しかも札幌に極度に集中しているため都市間流動が小さい。そういう点では北海道に比べて九州は鉄道経営に向いている。

日本のGDPの一割を生み出す九州経済圏

九州は生産活動も旺盛で、GDP(国内総生産)の約一割が九州で生み出されている。九州では福岡県の筑豊地方をはじめ、長崎県や熊本県に炭鉱が集中していた。明治時代の半ばに、筑豊地方の炭鉱に近く、中国から鉄鉱石を運ぶための港湾が開けた北九州の八幡《やはた》に官営八幡製鐵所が建設された。当時は国内唯一の銑鉄《せんてつ》の生産工場であり、機械、設備や輸送機関の製造に必要な鉄鋼生産を根元で牛耳る日本の産業化を牽引した工場であったといえる。また、長崎には幕府が建設した造船所を起源とする三菱《みつびし》重工業長崎造船所が操業しており、日産《にっさん》自動車の自動車生産の直接の起源である鮎川義介《あゆかわよしすけ》氏の戸畑《とばた》鋳物も北九州にあった会社である。現在も福岡県京都《みやこ》郡苅田《かんだ》町に元日産自動車九州工場の日産自動車九州が立地する。その苅田町にはトヨタ自動車九州の苅田工場もある。さらに延岡《のべおか》市は旭化成《あさひかせい》グループの企業城下町として栄えた。

国内屈指の観光地とリゾート施設が集中

有名な観光地も多く、かつて高度経済成長期には宮崎県は南国情緒を売りにした国内でも有数の観光地であった。そのほか、歴史的観光地の長崎、温泉の雲仙《うんぜん》と別府、若者に人気の湯布院など全国的に知名度の高い観光地も多い。いまや韓国、台湾など近隣諸国からの航空路が開設され、インバウンド観光客が大きく増加している地域でもある。

九州はかつて高度経済成長期に日本経済を支えた地域であるが、エネルギー革命による産炭地域の衰退、鉄鋼生産の海外シフトによって産業地帯が空洞化していった。その用地を活用して各地に遊園地やテーマパークが建設された。

熊本県荒尾市にグリーンランドがある。一九六六年に開園した、三井《みつい》鉱山が建設して子会社が運営していた「三井グリーンランド」である。かつては三井三池《みいけ》炭鉱の専用線の平《ひら》井《い》駅（一九八五年廃止）が至近距離にあった。現在は三井鉱山が経営から手を引いたことで、西部《さいぶ》ガスが筆頭株主になった。九州で最も規模が大きい遊園地である。隣接地にグリーンランド・リゾートゴルフコースが広がっている。

北九州の新日本製鐵《しんにっぽんせいてつ》（現・日本《にっぽん》製鉄）八幡製鉄所があるが、海外への製造のシフトによって工場規模が縮小された。一九九〇年にその遊休地に開業したのがスペースワールドという遊園地である。園内にはひときわ目立つ位置にスペースシャトルの実物大模型が置かれていた。二〇〇五年に新日鐵は運営権を加森観光に譲渡し、二〇一五年度に最高益を記録するものの、二〇一八年一月一日の深夜に閉園となる。地権者の新日鐵住金《すみきん》との交渉が決裂したためという。この用地には大型商業施設が建設される予定になっている。JR九州は一九九九年七月一二日に鹿児島本線の枝光《えだみつ》－八幡間にスペースワールド駅を設置し、同園が廃止されたあとも同じ駅名で営業を続けている。

また、総合保養地域整備法（いわゆるリゾート法）のもとで日本全国各地に大規模なリゾート施設が建設されたが、九州でも佐世保市のオランダ村とハウステンボス、宮崎県のシーガイアが生まれた。

佐世保市内ではリゾートブーム華やかなりし一九八三年に元西彼《せいひ》町役場の職員であった

地元の実業家が長崎オランダ村を開園した。大盛況であったが、国道しかアクセス手段がないために交通渋滞がひどく、大村湾《おおむらわん》の干拓地で、自衛隊の駐屯地を県が工業団地用地として取得していた針尾島《はりおじま》の土地に目をつけ、長崎オランダ村の発想を大きく拡大したかたちで、新たに「ハウステンボス」が開設された。

宮崎市の市街地の北側、旧佐土原《さどわら》町との境界近くには松林が広がる一ツ葉《ひとつば》海岸がある。この地に大規模な観光開発が持ち上がるのは一九八八年のことであった。七月九日にリゾート法の対象プロジェクトとして、三重県のサンベルトゾーンと併せてこの日南海岸リゾートが承認された。

地元企業でゴルフトーナメントを主催するなど実績があるフェニックス国際観光が中心となり、宮崎県や宮崎市など一三法人が出資して第三セクター「シーガイア」が設立された。そして一九九三年七月にはひと足早くオーシャンドームを開業し、翌年一〇月には全面オープンとなった。

その後、経営破綻によって二〇〇一年二月には会社更生法の適用を申請。いったんアメリカのリップルウッド・ホールディングスが全株式を取得して再建が図られた。現在はさらにセガサミーホールディングスが株式を取得して子会社としている。

九州新幹線開業で航空からの需要がシフト

九州と東京、大阪を結ぶ航空便の旅客数について、一九八五年度と二〇一六年度のあいだの三〇年間の変化を見ると、東京－福岡線が三四五万人から羽田《はねだ》便八二四万人、成田《なりた》便一一六万人の計九三九万人で二・七倍、東京－熊本線は七四万人から羽田、成田合計二〇一万人に二・七倍、東京－鹿児島線は一一〇万人から羽田、成田合計二四八万人に二・三倍に増加している。東京－博多間の新幹線は選択肢にならず、航空機の運賃の低下によって、もはや寝台特急も割安な交通機関ではなくなった。一方、対大阪では大阪－福岡線が一二一万人から伊丹《いたみ》、関空《かんくう》計一一一万人で〇・九倍、大阪－熊本線は五五万人から四二万人に〇・八倍、大阪－鹿児島線は九五万人から伊丹、関空計九一万人に〇・九倍といずれも減少している。山陽新幹線での速達列車「のぞみ」「みずほ」の増発によって新幹線の利便性が高まり、新幹線のシェアが上昇したためと思われる。かつて大阪と九州を結んでいた夜行急行の需要は夜行バスに移り、寝台特急の需要は新幹線と航空機に移った。九州新幹線と直接競合する福岡－鹿児島線は五七万人から二万人あまりに激減した。

転機を迎えた「高速バス王国・九州」

九州では一九八九年度から高速道路の開業が相次いだ。七月に大分自動車道湯布院－別府間、一二月に九州自動車道八代－人吉間、一九九〇年一月に長崎自動車道武雄北方《たけおきたがた》－大村《おおむら》間である。これによって福岡市と長崎市のあいだが高速道路の利用で三〇分短縮して約二時間となった。

一九七九年に福岡と長崎を結んでいた九州急行バスは七時から一八時まで毎時一本ずつの運転で四時間三三分を要していた。運賃は一八〇〇円である。一方、鉄道は特急で二時間二三分、特急料金一五〇〇円と運賃一四〇〇円の合計二九〇〇円である。

一九九〇年になると九州急行バスと祐徳《ゆうとく》バスの運行となり、複数の系統に分かれるが、福岡発は三〇分の定時間隔で途中、大村インターチェンジのみに停車する速達便の所要時間は二時間二八分となる。運賃は二八〇〇円である。鉄道は783系電車の特急「ハイパーかもめ」が一時間五一分で、バスとの差はわずかに四〇分程度に縮まり、運賃二四七〇円と通常期特急料金二一五〇円の合計四六二〇円で、こちらは格差が拡大した。

国鉄は関西と九州のあいだに夜行急行「西海《さいかい》」新大阪－佐世保間、「雲仙」新大阪－長崎間、「阿蘇」大阪－熊本間、「くにさき」大阪－大分間の四本が運行していた。14系客車の座席車だけで編成された六両ないし五両編成で、晩年は「西海」と「雲仙」、「阿蘇」と「くにさき」は併結運転していた。安上がりに旅行したい学生や、ひと晩中酒盛りをしたい年配のグループなどに人気の列車であったが、国鉄末期の経営再建のなかで、コストがかかる夜行列車の整理が進められ、一九八〇年に特急料金も寝台料金も稼げない夜行急行が廃止されてしまった。その需要を受け継いだのが高速バスであった。

一九九〇年当時の九州の高速バスは長距離高速バスの始まりである福岡－大阪間の西日《にしにっ》本《ぽん》鉄道（西鉄《にしてつ》）と阪急《はんきゅう》による「ムーンライト」のほか、福岡発着では名古屋《なごや》行きのJR九州とJR東海バスによる「レインボー」、西鉄と名鉄《めいてつ》による「どんたく」、奈良行きの西鉄と奈良交通による「やまと」、神戸《こうべ》行きの西鉄と神姫《しんき》バスによる「やまかさ」、岡山行きの西鉄、下津井《しもつい》電鉄、両備《りょうび》バスによる「ペガサス」、広島行きの西鉄と広島電鉄による「ミリオン」、さらに荒尾－大阪間の西鉄と阪急による「ちくご」、唐津－大阪間の昭和《しょうわ》自動車、阪急、西鉄による「サガンウェイ」、長崎－名古屋間の長崎バスによる「グラバー」、長崎－京都間の長崎県営バスと京阪《けいはん》バスによる「長崎号」「京都号」、長崎－大阪間の長崎バスによる「オランダ」、佐世保－大阪間の西肥《さいひ》自動車と南海《なんかい》電鉄による「コーラルエクスプレス・サザンクロス」、熊本－大阪間の九州産交《さんこう》と近鉄《きんてつ》による「サンライズ」、宮崎－大阪

運行区間	運行開始	2006	2009	2012	2015	2016
東京～福岡	1990年10月	22,062	19,321	13,927	58,826	44,562
埼玉～福岡	2011年11月	-	-	-	1,890	
富士～福岡	2014年8月	-	-	-	9,185	8,498
名古屋～福岡	1989年12月	22,316	19,548	14,815	17,924	16,509
名古屋・豊田～広島～福岡	2013年8月	-	-	-	18,595	19,724
三重～福岡	2010年7月	-	-	3,851	-	-
大阪・京都～福岡	1990年10月	11,962	8,946	12,192	86,115	105,603
大阪～福岡	1983年3月	33,474	26,529	-	-	-
神戸・大阪・京都～福岡・熊本	2013年8月	-	-	-	14,553	41,654
高知～福岡	1993年7月	14,104	10,590	11,412	10,831	9,255
高松～福岡	2007年7月	-	12,375	14,220	13,550	14,593
松山～福岡	2008年6月	-	9,419	13,378	13,561	12,898
鳥取・米子～福岡	1991年9月	16,178	14,116	14,714	14,137	14,123
岡山～福岡	1989年4月	16,565	14,855	14,486	16,823	16,508
松江・出雲～福岡	1990年8月	15,343	13,925	13,127	12,105	12,723
下関～福岡	2001年3月	211,430	205,792	192,043	195,312	194,962
山口～福岡	2001年10月	72,474	68,487	90,695	69,148	38,792
福山～福岡	2002年5月	18,394	17,020	22,822	22,465	64,879
広島～福岡	2002年5月	95,045	96,196	124,123	99,094	100,258
光～福岡	2003年3月	48,475	47,317	40,260	41,693	38,792
宇部～北九州	2003年7月	49,224	40,551	6,377	-	-
下関～北九州空港	2006年3月	34,111	21,081	-	-	-
名古屋～長崎	1989年9月	16,530	14,718	13,419	12,969	12,496
京都～長崎	1989年10月	16,876	14,961	11,166	14,285	12,755
大阪～長崎	1988年12月	14,125	14,236	10,093	-	-
神戸～長崎	1990年10月	9,340	8,416	-	-	-
神戸・大阪～長崎	*					31,737
名古屋～ハウステンボス	1991年4月	10,996	10,430	-	-	-
堺～ハウステンボス	1989年7月	15,369	12,246	5,075	-	-
名古屋～熊本	1990年7月	16,406	16,812	14,971	13,939	14,010
京都～熊本	1990年10月	20,627	17,900	23,910	28,838	29,893
名古屋～大分	1991年4月	13,836	13,010	11,923	10,146	-
大阪・京都～大分	2011年4月	-	-	-	13,665	13,025
広島～大分・別府	2005年12月	…	10,090	15,131	17,545	3,918
大阪・京都～宮崎	2008年12月	-	11,254	14,886	10,668	5,352
大分～鹿児島	1990年3月	35,240	29,336	19,333	11,461	4,340
尼崎～鹿児島	1990年9月	11,570	10,609	-	-	-

図表7　九州と九州外を結ぶ高速バスの輸送人員（人）
注：相互乗り入れ事業者の輸送人員も含む。-は値なし、…は値不明。
*：神戸～福岡線と大阪～福岡線が統合。
出典：九州運輸局「九州運輸要覧」

運行区間	運行開始	2006	2009	2012	2015	2016
福岡〜北九州	1980年3月	2,558,882	2,286,680	2,393,867	1,969,434	1,960,257
福岡空港〜北九州	1984年7月	…	266,997	190,918	222,711	224,997
福岡空港〜久留米	1980年5月	…	294,936	241,491	268,193	262,777
福岡〜佐賀	1980年12月	874,713	863,528	781,491	850,677	864,326
福岡〜唐津〜伊万里	1985年12月	…	…	…	797,564	786,992
福岡〜長崎	1981年8月	843,944	799,724	813,415	836,448	858,656
福岡〜佐世保	1981年12月	449,143	436,438	437,759	481,820	496,563
福岡〜島原	1990年1月	…	36,916	32,030	38,535	37,366
福岡空港〜荒尾	1980年12月	…	94,698	83,214	77,323	82,849
福岡〜熊本	1973年11月	1,363,955	1,311,036	1,410,630	1,530,215	1,368,062
福岡〜大分	1989年6月	540,307	513,781	472,836	437,775	402,897
福岡〜別府	1994年7月	166,343	164,762	156,989	195,954	210,715
福岡〜日田	1981年8月	…	578,321	578,155	574,935	586,151
福岡〜湯布院	1982年3月	…	88,423	124,154	227,080	278,097
福岡〜宮崎	1988年4月	474,002	401,527	408,677	422,714	428,600
新八代〜宮崎	2011年3月	-	-	99,034	162,514	153,909
福岡〜延岡	1989年3月	55,517	51,588	41,773	59,619	50,818
福岡〜鹿児島	1990年3月	396,586	336,654	291,167	300,143	262,308
北九州〜久留米	1982年4月	144,302	116,699	82,994	20,693	-
北九州〜長崎	1990年1月	77,946	64,482	50,862	55,058	54,435
北九州〜熊本	1989年12月	74,668	63,466	57,226	44,471	26,168
北九州〜別府〜大分	2015年3月	-	-	-	34,438	39,798
唐津〜長崎	1990年12月	-	17,130	-	-	-
長崎〜熊本	1989年4月	98,290	85,836	83,347	81,402	70,442
長崎〜大分	1993年8月	59,805	58,339	50,117	53,498	52,604
長崎〜宮崎	2005年2月	24,024	22,583	15,979	22,236	20,118
長崎〜鹿児島	2009年11月	-	6,230	16,244	17,574	16,417
長崎空港〜長崎	1982年11月	…	825,723	842,005	806,759	958,897
佐世保〜熊本	1990年10月	48,602	44,686	45,643	-	-
熊本〜宮崎	1981年10月	164,234	155,343	152,683	150,586	131,466
熊本〜鹿児島	1990年4月	…	71,506	98,676	107,492	95,155
大分空港〜大分	2002年3月	-	99,510	200,910	221,634	223,678
大分空港〜湯布院	2003年7月	-	34,061	31,719	39,512	32,067
大分空港〜佐伯	2009年10月	-	13,626	35,866	39,551	36,442
大分〜鹿児島	1990年12月	14,749	14,680	13,685	9,434	9,063
宮崎〜鹿児島	1982年12月	86,897	71,154	67,626	75,436	77,092
鹿児島空港〜鹿児島	1974年12月	…	992,007	1,059,752	1,013,339	1,205,387
鹿児島空港〜枕崎	1989年3月	…	47,799	43,538	42,583	42,552
鹿児島空港〜串木野	1989年4月	…	20,314	-	-	-
鹿児島空港〜山川	1989年3月	…	41,951	37,604	35,878	34,481
鹿児島〜川内	*	…	…	…	97,209	108,791

図表8　九州内の各地を結ぶ高速バスの輸送人員(人)
注:-は値なし、…は値不明。 *:高速道路の開通により一般道から載せかえ。
出典:九州運輸局「九州運輸要覧」

間の宮崎交通と近鉄による「あおしま」、鹿児島－大阪間の南国《なんごく》交通と阪急による「さつま」、林田《はやしだ》産業交通と南海バスによる「サザンクロス」が運行し、そのほかに鹿児島交通と近鉄による便があった。

九州内の高速バスや長距離バスは、名称がついている便だけ挙げると、福岡発着が佐賀までの西鉄の「わかくす」、伊万里《いまり》まで西鉄と昭和自動車の「いまり」、長崎までの九州急行バスと祐徳バスによる「九州号」、佐世保までの西鉄と西肥自動車の「させぼ」、熊本までの西鉄と九州産交による「ひのくに」、大分までの西鉄、日田バス、大分バス、亀《かめ》の井《い》バス、大分交通による「とよのくに」、日田までの西鉄と日田バスによる「杖立号《つえたて》」「高塚《たかつか》号」、宮崎までの西鉄、九州産交、宮崎交通、JR九州バスによる「フェニックス」、延岡までの西鉄と宮崎交通の「ごかせ」、鹿児島までの西鉄、鹿児島交通、南国交通、林田産業交通の「桜島《さくらじま》」、天神《てんじん》－オランダ村間の西鉄と長崎バスによる「ウィンドミル」、北九州－佐賀間の西鉄による「かささぎ」、北九州－長崎間の西鉄と長崎県営バスによる「出島《でじま》」、熊本までの西鉄と九州産交による「ぎんなん」、熊本－長崎間の長崎県営バスと九州産交通による「りんどう」、熊本－人吉・宮崎間の九州産交と宮崎交通による「なんぷう」、宮崎－鹿児島間の宮崎交通と南九州高速バスによる「はまゆう」、呼子《よぶこ》フェリー－長崎駅前間の昭和自動車と長崎県営バスによる「レインボー壱岐《いき》」などである。

九州ではYOKAROバスという会員制の格安ツアーバスというのもあった。二〇〇九年に平戸《ひらど》観光協会が企画し、地元の平戸バスが運行した会員制の福岡－平戸間の高速バスであったが、翌年に平戸観光協会の会員によって設立された「社団法人YOKARO」に経営が変わり、次第に路線網を拡大していった。二〇一三年には国の新制度によって新高速乗合バスに変更する。当初は年会費だけで全ルートを自由に利用できるというものであったが、ビジネスモデル自体に問題があって経営が悪化し、平戸線を除いてすべて廃止された。二〇一六年には会員制の乗り放題を廃止して乗車券と回数券による通常の路線バスの方式に変わった。

第三章　国鉄時代の九州の鉄道

国鉄改革とJRの発足

国鉄は巨額の負債を抱えてなお一年間に一兆円近い国費を投じていた。全国を営業エリアとする巨大な組織であり、職員数二八万人（一九八六年）を東京の本社がコントロールするのは不可能な話であった。公共企業体という民主的な経営形態を取るものの、実態は国の現業（直営）時代とあまり変わらず、政府と政治にがんじがらめにされ、経営陣も主体的に判断して意思決定することができないという構造的な問題があった。

国鉄は全国一元のままでの改革を希望し、運輸省も支持したが、国の臨時行政調査会は分割民営化を勧告し、それにもとづいて国は国鉄再建監理委員会を設置し、分割民営化に向けて進むことになる。

そして一九八七年四月一日、国鉄の分割民営化によってJR九州は生まれた。

JR三島会社の利益調整として与えられた「経営安定基金」

JR三島会社はもともと経営環境が厳しいために採算化が難しく、経営の足しにするために経営安定基金が与えられた。娘の嫁入りに持たせた持参金のようなものである。JR北海道に六八二二億円、JR四国に二〇八二億円、JR九州に三八七七億円が配分されたが、これは当初、国鉄清算事業団に預けられて年七・三％の利子が支払われた。この経営安定基金の元本などは国鉄の負債額に加えられ、旧国鉄用地やＪＲ株式の売却によって処理できなかった分と同じく、将来は国民の負担となることになる。もちろん国民の負担とは税収があてられるわけであるから、経営安定基金の運用益とは実質的に国からの補助金に代わるものを意味している。その金額を国からの直接の補助金とする場合は国鉄改革の目的である、国から自立することで民間の活力によって経営の効率化を実現する趣旨に反することになる。政治や行政からの干渉を排除することで、実際にＪＲ発足後の各社の経営にはプラスに影響したものと考える。整備新幹線の建設が政治に翻弄された様子を見ればば明らかである。

ＪＲ九州が新型車両の開発を急いだ事情

全国の在来線については首都圏を除いて収益を上げることが難しい路線が多いため、償却後の簿価でＪＲ旅客会社に引き継がれた。ＪＲの本州三社についてはその営業用資産の評価額だけ旧国鉄の負債を引き継いだが、ＪＲ九州を含む三島会社は国鉄債務をいっさい引き継いでいない。つまり無償で鉄道資産を引き継いだのである。また、車両や土地などは当座の営業に必要なものに限定され、残りは旧国鉄が改組された国鉄清算事業団の資産として国鉄債務の返済の原資の一部にあてることとした。

ＪＲ発足後は順調に旅客が増加したので車両が必要になったものの、清算事業団に引き継がれた車両は工場の一角に集められ、ＪＲ各社はこれに手を出すことができなかった。ＪＲ貨物やＪＲ四国は清算事業団から実際に中古車両を購入している。

ＪＲ九州の場合は設立時に速やかに新型車両の計画を立ち上げ、福岡や北九州の大都市圏での通勤、通学輸送を強化したほか、幹線では高速化を推進した。国鉄末期には経営再建を優先して省エネ車両の導入が遅れていた。ディーゼルエンジンにいたっては高速化のための高出力エンジンや省エネ技術の開発が遅れていた。国鉄時代の車両を使い続けるより、むしろ新型車両を開発することが経営の効率化のためにはメリットが多かった。

昭和三〇年代の車両が主力だった国鉄末期

国鉄から引き継いだ車両は老朽化が進んでいた。特急は交直流両用の４８５系電車、通勤電車は４２１系や４２３系が中心で、一部４１５系が使われていた。４２１系は昭和三〇年代末ごろの製造で、車齢は二五年を超えており、続いて製造された４２３系も老朽化して冷房化した車両は少数であった。最新型が４１５系であるが、４２１、４２３系と同じ抵抗制御で、後期に製造された車両はステンレス車両である。全車冷房車で、九州に投入された後期に製造された車両は定員の増加のためにロングシート車となっている。

また、一九八六年三月には４１５系５００番台ロングシート車四両編成五本が常磐《じょうばん》線の勝田《かつた》電車区から南福岡《みなみふくおか》電車区に移動した。

国鉄から引き継いで30年が経ったいまも現役の415系電車

気動車は急行形キハ58系とキハ65形、準急形キハ55系、近郊形キハ20系、通勤形キハ35系といった、とくに年式の古いものが多かった。そのなかで異彩を放っていたのが筑豊地区向けに投入したキハ66系である。一九七五年に山陽新幹線が博多まで開業すると、小倉で接続して筑豊地区などを結ぶ快速用にキハ66系二両編成一五本三〇両が投入された。当時のローカル線向け車両としては破格の転換式クロスシートを備えた車両は全車冷房つきで、当時の急行形車両より居住性は良好であった。そのため、一部の急行にも使われた。その後は例外的に筑肥線の電

2000	2001	2002	2003	2004	2005	2006	2007	2008	2009	2010	2011	2012	2013	2014	2015
											80	80	88	88	88
				30	30	36	36	36	36	42	54	54	54	54	54
82	49	49	49	75	73	73	73	73	73	73	69	33	8	8	5
					90	90	90	90	90	90	90	90	90	90	90
227	227	227	230	230	140	140	140	140	140	140	140	140	140	140	140
50	50	50	50	50	50	50	50	50	56	56	56	56	56	56	56
42	62	62	66	66	66	66	66	66	66	66	66	66	66	66	66
185	184	184	184	184	184	184	184	184	192	196	189	189	181	166	162
27															
96	96	96	96	93	18	3									
8	8	8	8	8	8	8	8	8	8	8	8	8	8	8	8
16	16	16	16	16	16	16	16	16	16	16	12	12	12	4	
54	54	54	54	54	54	54	54	54	54	54	54	54	54	54	48
12	12	12	18	18	18	18	18	18	18	18	18	18	18	18	18
															36
112	112	110	108	108	108	108	108	108	108	108	108	108	108	108	108
177	177	175	192	192	201	201	219	219	219	246	246	246	246	246	246
52	52	52	52	52	52	52	52	52	52	52	52	52	52	52	52
		62	62	86	90	90	98	98	96	96	98	125	139	139	145
4	4	4	4	4	4	4	4	4	4	4	4	4	4	4	4
20	20	20	20	20	20	20	20	20	20	20	20	20	20	20	20
4	4	4	4	4	4	4	4	4	4	4	4	4	4	4	4
4	4	4	4	4	4	4	4	4	4	4	4	4	4	4	5
30	30	30	30	30	30	30	30	30	30	30	30	30	30	30	30
13	13	6	6	6	1	1	1	1	1	1	1	1	1		
99	99	40	40	39	26	26	17	5	3	3	3	3	3	3	3
2	2														
76	76	76	76	76	76	76	76	76	76	76	76	76	76	76	76
30	30	30	30	30	30	30	30	30	30	30	30	30	30	30	30
25	25	25	25	25	25	25	25	25	25	25	25	25	25	25	25
9	9	9	9	9	9	9	9	9	9	9	9	9	9	9	9
23	23	23	23	22	22	22	22	22	22	22	22	22	22	22	22
52	52	52	52	52	52	52	61	61	61	64	64	64	64	64	64
25	25	25	25	25	25	25	25	25	25	25	25	25	25	25	25
4	4	4	4	4	4	4	2	2	2	2					
11	10	9	9	9	9	9	7	7	6	3	3	3			
1	1														
11	9	9	9	9	8	8	8	8	8	8	8	8	8	8	8
														1	1
1	1	1	1	1	1	1	1	1	1	1	1	1	1	1	1
12	12														
30	30	26	26	25	31	31	31	31	31	15	9	15	15	7	7
70	66	58	58	58	52	18	18	18	4						
20	20	3	3	3	3	3	3	3	3	3	3	3	3	3	3
														7	7

		1988	1989	1990	1991	1992	1993	1994	1995	1996	1997	1998	1999
新幹線電車	N700系												
	800系												
特急形電車	485系	294	324	275	302	288	262	256	231	216	196	155	153
	783系												
	787系	29	57	84	90	90	162	189	210	210	210	210	222
	883系								21	35	50	50	50
	885系												
通勤形、近郊形電車	415系	185	185	185	185	185	185	185	185	185	185	185	185
	421/423系	147	147	147	147	147	143	137	127	115	99	67	27
	457/475系	117	114	114	114	114	114	114	111	111	111	111	111
	715系	48	48	48	48	48	48	48	48	44	28	28	
	713系	8	8	8	8	8	8	8	8	8	8	8	8
	717系	12	14	14	14	14	14	14	16	16	16	16	16
	103系	54	54	54	54	54	54	54	54	54	54	54	54
	303系												
	305系												
	811系		16	43	64	68	112	112	112	112	112	112	112
	813系							18	18	63	93	153	177
	815系												
	817系												
特急形気動車	キハ183系	3	4	4	4	4	4	4	4	4	4	4	4
	キハ185系						20	20	20	20	20	20	20
	キハ71系		3	4	4	4	4	4	4	4	4	4	4
	キハ72系												4
一般形気動車	キハ66系	30	30	30	30	30	30	30	30	30	30	30	30
	キハ65形	35	33	38	38	38	38	36	31	31	30	14	14
	キハ58系	152	154	151	151	151	150	145	132	128	120	104	104
	キハ35形	10	10	4	4								
	キハ20系	37	37	23	23	21	12	9	6	3	3	3	2
	キハ30形	16	17	4	4								
	キハ45系	17	10	10	10	9	2	1	1				
	キハ47形	106	106	101	99	99	85	76	76	76	76	76	76
	キハ147形			5	7	7	21	30	30	30	30	30	30
	キハ40形	36	36	36	30	30	28	25	25	25	25	25	25
	キハ140形				6	6	8	9	9	9	9	9	9
	キハ31形	23	23	23	23	23	23	23	23	23	23	23	23
	キハ200系				6	12	20	30	30	30	42	52	52
	キハ125形						11	25	25	25	25	25	25
電気機関車	EF30形	1	1	1	1	1	1	1					
	EF81形	6	6	6	6	6	6	6	6	4	4	4	4
	ED76形	36	36	36	36	34	31	30	22	16	15	13	13
ディーゼル機関車	DD51形	1	1	1	1	1	1	1	1	1	1	1	1
	DD16形	2	2	2	2	2	2	2	2	2	2	2	2
	DE10形	19	19	19	19	19	17	17	15	15	14	13	13
	DF200形												
蒸気機関車	8620形		1	1	1	1	1	1	1	1	1	1	1
客車	12系座席車	79	79	79	79	79	79	67	49	41	41	35	25
	14系寝台車	49	49	49	49	49	48	48	47	47	46	35	35
	14系座席車	12	12	12	12	12	12						
	24系	119	119	122	122	122	122	122	116	116	113	89	89
	50系	90	90	90	90	88	66	56	56	21	21	21	21
	77系												

図表9　JR九州発足当時の車両一覧（年度頭）
出典：『JR電車編成表』、『鉄道ファン』付録「JR車両配置表」より筆者作成

化と地下鉄直通に合わせて１０３系電車の投入があったが、そのほかは首都圏や関西圏の電化によって捻出された車両が九州に転用されることが続き、非冷房、老朽車両の取り換えのための新車の投入は進まなかった。

十数年経った国鉄の最晩年に、厳しい経営が予想される北海道、四国、九州の車両の状態を改善するために新型車が投入された。ＪＲ北海道のキハ54形５００番台、ＪＲ四国のキハ32形、キハ54形0番台、ＪＲ九州のキハ31形である。キハ31形とキハ32形はすべて冷房車で、キハ54形５００番台とキハ31形は0系新幹線の座席を改造した転換式クロスシートであった。キハ31形は車両重量に対するエンジンの出力を高めるために車体長が一七ｍと短くなった。トイレも設置していない。一九八六年と一九八七年に二〇両が新造されて熊本運転所、唐津運転区、竹下《たけした》気動車区に配置となる。

観光列車の基礎を築いた「ジョイフルトレイン」

国鉄末期には観光需要の取り込みのために既存の車両を改造して各地にジョイフルトレインが登場した。団体用の車両の新しいかたちを示したものであるが、貸切バスが豪華になって快適性を高めていたことに対抗したのである。ジョイフルトレインという呼び名は国鉄大阪局のスロ81系を和風客車に改造した際につけられた固有名詞であった。その後、各地で団体向けに改造された特別の車両が登場すると、それらを総称する名称として都合がいいため「ジョイフルトレイン」と呼ぶケースが増えていった。

国鉄九州総局は一九八三年からにキハ58系を改造して「らくだ」を全部で六両投入した。特急形の回転クロスシートを転用して居住性を向上したが、基本的には通常の車両をリニューアルしていた程度のイメージである。一九八六年にはカラオケを設置した「サウンドエクスプレスひのくに」を投入。国鉄最後の一九八七年三月にも「BUN BUN」「ゆ〜とぴあ」「吉四六《きっちょむ》」を投入した。いずれもキハ58系を改造した気動車のジョイフルトレインである。

ＪＲ九州に移行してからは一九八八年にキハ58系とキハ65形を改造した「ジョイフルトレイン長崎」「ふれあいＧＯ」「サルーンエクスプレス」を投入したが、どれも種車《たねしゃ》の外観はそのままで、車内の整備が中心であった。

なぜ筑肥線の博多駅周辺区間は廃止に追い込まれたのか

大都市に成長した福岡市の近郊路線の近代化も行われた。

博多駅から玄界灘《げんかいなだ》に沿って西に延びていた筑肥線は大都市圏を走るものの、単線、非電化で、キハ35系通勤形気動車やキハ55系準急形気動車など雑多な車両を連結した列車が走っていた。折から福岡市では地下鉄建設の計画が立ち上げられ、国鉄も筑肥線を電化して姪浜《めいのはま》で地下鉄に直通する計画を立てた。

一九七一年三月一一日に国の都市交通審議会は「福岡市及び北九州市を中心とする北部九州都市部における旅客輸送力の整備増強に関する基本的計画」（答申第一二号）を運輸大臣に提出した。そのなかで、福岡市の都心部から西南部方面にいたる鉄道の必要性が示されるとともに、国鉄筑肥線との直通運転についても検討が必要とした。

当時、国鉄は経営改善への取り組みの真っただなかとあって、新たな設備投資を要する地下鉄との直通には簡単には乗れなかった。しかし、都心部を大きく南に迂回《うかい》する路線形態が不利なことや、都心部への乗り入れで筑肥線が活性化することなど、メリットも多かった。最終的に地下鉄との相互乗り入れに合意した。

筑肥線との直通運転が予定された市営地下鉄については一九七四年八月に一号線姪浜―博多間と二号線中洲川端《なかすかわばた》―貝塚《かいづか》公園（現・貝塚）間の事業免許を取得した。工事に支障を来すということで、一九七五年一一月二日に西鉄の路面電車の福岡市内線貫線《かん》、呉服町《ごふくまち》線、城南《じょうなん》線が廃止され、同月一二日に地下鉄の起工式が開催された。

一九七九年八月に運輸大臣から複線化事業認可を得て翌年一二月に姪浜（下山門《しもやまと》）－今《いま》宿《じゅく》間の長垂《ながたれ》トンネルから着工した。このトンネルは一九八三年三月の電化開業に合わせて供用を開始した。しかし、複線化工事自体は同年一月に国鉄の財政破綻から当分のあいだ凍結された。旧トンネルについては放置されることになったが、のちに複線化用に活用された。一方、姪浜－西唐津《にしからつ》間の電化についても一九七九年一〇月に着手された。

一九八三年三月二二日に筑肥線姪浜－東唐津《ひがしからつ》間の電化と唐津地区の大がかりな線路のつけ替えが完成して姪浜－西唐津間で電車の運行を開始した。同時に福岡市営地下鉄との相互直通運転を開始して姪浜から博多にいたる福岡の市街地を大きく南を迂回するルートは廃止されることになった。

唐津地区では筑肥線は東唐津でスイッチバックするかたちで伊万里に向かった。途中、山本《やまもと》で接続して佐賀から西唐津までの唐津線があり、唐津の市街地を挟んで西唐津と東唐津の二つのターミナルに分かれていた。そこで東唐津から唐津までの短絡線を新設して東唐津から山本までを廃止。博多方向、伊万里方向、佐賀方向の列車が唐津駅に集まるかたちに改められた、また、列車本数を大幅に増やすため、途中四駅に安全側線を新設した。

電車の運転開始により、姪浜の下り方発着本数が上下二八本増加して七〇本となった。そのうち三〇本が福岡市の電車である。博多－唐津間の所要時間が電化前の博多－東唐津間に対して平均一三分の短縮となった。

電化用として１０３系電車１５００番台の全車冷房車六両編成九本が新造投入され、新たに唐津運輸区が設置された。

筑肥線、松浦《まつうら》線経由で長崎と博多のあいだを結んでいた急行「平戸」は、運転区間が長崎－唐津間に短縮された。

「汽車型ダイヤ」からの脱却（一九八四年二月一日全国ダイヤ改正）

国鉄末期、増収が期待できる地方都市の輸送改善が進められた。

一九八四年二月一日のダイヤ改正は、長距離列車の削減と、都市圏の地域列車を短編成化のうえ増発したのが特徴である。

寝台特急では「彗星《すいせい》」新大阪－宮崎・都城《みやこのじょう》間の二往復中一往復を廃止。５８３系電車の寝台特急「なは」新大阪－西鹿児島《にしかごしま》（現・鹿児島中央）間一往復を廃止し、客車編成の「明星」新大阪－西鹿児島間を「なは」に改称した。

九州内の特急は「有明《ありあけ》」博多－熊本・西鹿児島間が一七往復中二往復を廃止するとともに、七、九、一〇両編成とまちまちであったのをすべて七両編成に統一した。「にちりん」博多・小倉－大分・宮崎・西鹿児島間も下り一八本、上り一七本のうち一往復の運転区間を短縮、宮崎・西鹿児島行き「にちりん」は八往復が七往復となった。また、編成も七両編成に統一された。

そのほか、山陰《さんいん》に直通した夜行急行「さんべ」米子《よなご》－博多間は廃止された。

一方、都市輸送では福北《ふくほく》都市圏でデータイムに短編成化と増発が行われた。鹿児島本線小倉－折尾《おりお》間はデータイム一五本、福間《ふくま》－博多間は同じく一一本を増発して二〇分間隔を一五分間隔に短縮。車両を増備せずに増発するため、従来八両編成で運転していた列車が四両編成となった。また、朝夕通勤時に吉塚《よしづか》どまりの篠栗線上り二本、下り一本を博多まで延伸した。

日豊本線でも小倉－新田原《しんでんばる》間でデータイム一〇本を増発して四〇分間隔を三〇分間隔に短縮した。

鹿児島地区でも指宿枕崎線鹿児島－喜入《きいれ》間でデータイム一一本増発して四〇分間隔の運転に増強した。

	年度	1979	1980	1981	1982	1983	1984	1985	1986	計
国鉄時代	クハ421	4	8	6	1	-	-	2	26	47
	モハ421	-	-	-	-	-	-	-	-	-
	モハ420	-	-	-	-	-	-	-	-	-
	モハ423	2	4	3	1	-	-	1	13	24
	モハ422	2	4	3	1	-	-	1	13	24
	キハ47	-	-	-	-	-	-	-	10	10
	キハ40	-	-	-	-	-	-	-	5	5
	年度	1987	1988	1989	1990	1991	1992	1993	1994	計
JR九州時代	クハ421	18	6	-	-	-	-	-	-	24
	モハ421	4	3	-	-	-	-	-	-	7
	モハ420	4	3	-	-	-	-	-	-	7
	モハ423	5	-	-	-	-	-	-	-	5
	モハ422	5	-	-	-	-	-	-	-	5
	キハ52	-	-	-	-	3	-	-	-	3
	キハ47	-	34	48	-	-	-	-	-	82
	キハ40	-	-	19	-	-	-	-	-	19
	オハ50	-	-	-	-	-	-	4	2	6
	オハフ50	-	-	-	-	-	1	4	8	13

図表10　冷房化改造された車両の数（1979〜1994年）
出典：『JR電車編成表』各版より筆者作成

長崎本線と佐世保線は全線電化していたものの、普通列車には気動車や客車を使用していた。一九八四年二月一日のダイヤ改正で大村線関係の列車を除いて電車化されることになるが、新造されたのは７１３系電車二両編成四本八両だけで、そのほかは一九八二年一一月のダイヤ改正で電車寝台特急が減便されて捻出された５８３系六八両を一部食パンタイプの運転台を新設するとともに、折り戸一扉を増設して普通用７１５系電車四両編成一七本に組み替えて投入された。もともと寝台特急用の車両であるため、つめ込みができず、乗降もスムーズでないなど混雑時間帯には不向きの電車であった。経営問題が深刻化した国鉄ならではの窮余の策であった。

筑肥線の電化や長崎本線と佐世保線の電車化によって捻出された気動車を転用して肥薩線と吉都線の客車を置き換えた。なお、当時は走行中に扉がロックできない旧型客車が多数残っていて走行中の乗客の落下事故が発生したため、自動ドアを備えた50系客車の新造が続けられた。急行形電車ばかりでなく、意表を突かれたかたちで寝台特急用の車両までも普通電車に転用することで、50系客車の製造両数を抑えた。

このころ、主要幹線である日豊本線の小倉－大分間では複線化率は八五・六%と、完全複線化は達成していなかった。そこで一九八三年一二月八日に柳ケ浦《やなぎがうら》－豊前長洲《ぶぜんながす》間一・九km を複線化開業して、わずかながらも複線化率が向上して八七%となった。立石《たていし》－中山香《なかやまが》間五・二km についても工事が進められていた。

カジュアル化する特急（一九八五年三月一四日全国ダイヤ改正）

特急「かもめ」「みどり」について、一三往復中五往復を博多－肥前山口《ひぜんやまぐち》間で分離運転して車両数を増やさずに利便性を改善した。

北九州、博多地区でもデータイム短編成化による増発が進められた。

また、山陰本線経由で大阪－博多間を結ぶ長距離特急「まつかぜ」が系統分割され、米子－博多間については「いそかぜ」の名称が与えられた。

この間、北九州、博多地区の地域列車の冷房化が進められ、冷房化率は一九八三年の四七％から一九八五年には六七％まで上昇した（九四ページ図表10）。当時、通勤列車の冷房化は大きなサービス改善につながり、新聞には毎年、冷房化率が掲載された。

「α」列車の誕生（一九八五年七月一一日筑肥線輸送改善）

筑肥線では沿線人口の増加にともなって朝通勤時間帯とデータイムに姪浜－筑前前原間五往復と姪浜－唐津間一往復を増発した。試行列車のα《アルファ》列車を含めて筑前前原まで日中三〇分の等間隔に改善され、運行本数は四〇往復となった。試行列車とは国鉄末期にローカル線での利便性向上のために全国の地方路線・区間で試験的に増発されたもので、時刻表には「α」のマークがつけられていた。

大分、熊本地区の輸送を改善（一九八六年三月三日ダイヤ改正）

一九八六年春は、ごく小規模なダイヤ改正となった。日豊本線の大分地区で朝夕通勤時に幸崎《こうざき》－臼杵《うすき》間二往復の運転区間を延長するとともに、別府－亀川《かめがわ》間二往復の試行列車を廃止した。

熊本地区では豊肥本線にデータイム三往復増発するとともに、竜田口《たつたぐち》－肥後大津間に一往復を延長した。

建設費の全額を地元が負担した筑肥線下山門駅

一九八六年七月に姪浜－今宿間に下山門駅を新設した。地元からの請願を受けて建設されたもので、工事費八億八三〇〇万円は全額を地元自治体が負担した。市営地下鉄の姪浜車両基地に隣接し、その出入庫線を両側に挟むかたちで部分的に複線となっていた区間の終端部に位置する。下山門駅の新設で姪浜－下山門間が事実上複線化されることになった。

九州が拠点となったブルートレイン（一九八六年一一月一日全国ダイヤ改正）

国鉄最後の全国ダイヤ改正である。翌年四月には各ＪＲに地域分割されるために会社間の直通列車の変更が行われた。とくに他社に直通する場合、車両使用料の支払いをともなうことになるため、厳しい経営が予想されるＪＲ九州に寝台特急の客車をより多く引き継がせて本州三社から車両使用料を得る配慮が講じられた。

東京－九州間の寝台特急をスピードアップして最大で五四分短縮したうえで、対首都圏では東京－長崎・佐世保間特急「さくら」、東京－熊本・長崎間特急「みずほ」の基本編成を熊本客貨車区の受け持ちに、東京－西鹿児島間特急「はやぶさ」、東京－宮崎間特急「富士《ふじ》」は基本編成を鹿児島運転所、付属編成を熊本客貨車区の受け持ちとした。

対関西圏では新大阪－西鹿児島・長崎間特急「明星」「あかつき1～4号」を廃止。新大阪－西鹿児島間特急「なは」の基本編成を鹿児島運転所、付属編成を熊本客貨車区の受け持ちに変更された。

また、九州内の列車は門司港《もじこう》－博多－西鹿児島間特急「有明」を博多－熊本間八往復増発、熊本－西鹿児島間二往復増発して全部で二五往復に大増発。博多－長崎・佐世保間電車特急「かもめ」「みどり」全一三往復を博多－肥前山口間について分離運転とした。

さらに、急行については門司港－西鹿児島間夜行客車急行「かいもん」、門司港－宮崎間夜行客車急行「日南」の寝台車を特急形の24系25形客車に変更。三角－熊本－別府間急行「火の山《ひのやま》」の熊本－別府間下り一本と三角－熊本間一往復の一部区間を廃止して熊本－別府間三往復とした。肥薩線、吉都線経由熊本－宮崎間急行「えびの1～6号」に併結する西鹿児島編成を廃止した。人吉で分割すると、西鹿児島まで気動車快速「やたけ」として運転していた。

その後、一九八六年一一月一五日に東京－博多間寝台特急「あさかぜ1～4号」に24系25形客車のグレードアップ車の使用を開始。JR発足直前の一九八七年三月一一日には博多－熊本間特急「有明」二往復を豊肥本線水前寺《すいぜんじ》まで臨時延長するなど微調整が行われた。

第一次特定地方交通線の廃止

九州の産炭地域には石炭を運ぶために縦横に鉄道が敷かれていた。それが石炭産業の衰退にともなって貨物がなくなり、人口の減少で旅客も減少することで、多くの路線が国鉄の経営の負担になっていた。全国的にも利用率のワースト路線が九州と北海道に集中していた。国鉄はこれらの路線を特定地方交通線に指定したうえで、地元との協議を開始した。

筑豊地区は一九六八年五月に篠栗線篠栗－桂川間が開業したことで福岡市に直結することになり、ベッドタウンに変貌した。しかし、多くの行き止まりの短距離の路線は廃止され、鉄道ネットワークの一部を構成していた路線は第三セクター鉄道に転換された。

①香月線（一九八五年四月一日廃止）

筑豊本線中間《なかま》駅から香月《かつき》駅までを結んでいた路線。バス転換後は西鉄バスの行き先番号64番が代替路線として運行を開始したが、旅客流動の経路が一致しなかったため、こちらも廃止になり、西鉄北九州バスの61、67番が代替路線ではないが運行されている。現在、廃線跡のほとんどは道路になっており、また中間駅付近の一部は「屋根のない博物館」という遊歩道になっている。

②勝田線（一九八五年四月一日廃止）

鹿児島本線吉塚駅から筑前勝田《かつた》駅までを結んでいた路線。沿線にある県道六八号線を通って博多方面に向かうバスの本数が多かったことから輸送量が回復せず、廃線となった。現在では西鉄バスの34番が代替路線として運行している。廃線跡は遊歩道や隣接する店舗の一部として転用されているほか、志免《しめ》駅跡はプラットフォームや信号機などが保存され、鉄道公園として整備されている。

③添田線（一九八五年四月一日廃止）

香春駅から添田駅までを日田彦山線とは別ルートで結んでおり、第一次廃止対象路線のなかで唯一、盲腸線でない路線である。バス転換後は西鉄バスが30番を新設したが、休日運行になったあとに廃止。その後は二路線が代替路線として残っていたが、こちらも両線ともに廃止となった。廃線跡は今任《いまとう》駅が旧駅舎に復元され、大任《おおとう》駅が交通公園になっているが、それ以外は道路化されている。

④室木線（一九八五年四月一日廃止）

鹿児島本線遠賀川《おんががわ》駅から室木《むろき》駅までを結んでいた路線。山陽新幹線の建設時には資材運搬路線としても使用されていた。廃線後は西鉄バスが線路と並行するかたちで65番室木線を設定するも、一九九八年に廃止。現在は遠賀川駅から鞍手《くらて》駅間を代替するかたちで66、68番のバスが残っている。廃線跡としては、遠賀川駅から鹿児島本線と併走していた区間にはガーダー橋（赤提灯《あかちょうちん》でおなじみのガード下のガードと同じ）が残っている。

⑤矢部線（一九八五年四月一日廃止）

鹿児島本線羽犬塚《はいぬづか》駅から黒木《くろき》駅までを結んでいた路線。廃線後は堀川《ほりかわ》バスが北川内《きたかわち》を経由して黒木までを結ぶ路線を設定したが、ほどなく廃線。バス転換前にも存在した羽犬塚駅から北川内を経由せずに黒木を通り、矢部《やべ》までを結ぶ羽矢《はや》線と、羽矢線から分岐し、北川内を経由して星野《ほしの》方面に向かう星野線が事実上の代替路線として運行している。廃線跡としては北川内トンネルと中原《なかばる》トンネルがあり、前者は封鎖されているが、後者は酒蔵開きがある際に通ることができる。

⑥甘木線（一九八六年四月一日、第三セクター「甘木鉄道」移管）

鹿児島本線と接続する基山《きやま》駅から筑後小郡《おごおり》駅（現・小郡駅）で西鉄大牟田《おおむた》線（現・天神大牟田線）に連絡し、西鉄甘木線に乗り換えることができる甘木《あまぎ》駅までを結ぶ路線。沿線には福岡にいたる国道三八六号線と県道甘木鳥栖《とす》線が通っており、自家用車やバスと競合関係にある。第三セクター転換後は列車本数が上下各七本から三一本へ増加し、一九八七年に三駅増設して乗車機会を拡大させた。

⑦宮原線（一九八四年一二月一日廃止）

久大本線恵良《えら》駅から分岐して肥後小国《おぐに》駅にいたる路線。宮原《みやのはる》は終点付近の地名。人口が希薄であった高原地帯を走る路線であるゆえ、利用者が増えることなく廃線となった。代替バスは大分交通が豊後森－小国間に設定。一九八九年には分社化された玖珠《くす》観光バスに移管し、現在では豊後森－麻生釣《あそづる》間が運行されている。廃線跡は別荘地を結ぶ生活道路に転用されたり、遊歩道、道の駅となったりしたほか、残ったコンクリートアーチ橋が国の登録有形文化財になっている。

⑧妻線（一九八四年一二月一日廃止）

日豊本線佐土原駅から分岐して杉安《すぎやす》駅にいたる路線。廃線後は宮崎交通に移管され、現在でもバスが運行されている。廃線時に地元住民と協定を結んでいたことから、路盤は撤去されずに自転車、歩行者専用道として利用されていた。だが、妻《つま》線は復活することがなかったので、西佐土原《にしさどわら》駅付近は二車線道路にするために整備されたほか、黒生野《くろうの》駅付近は園元《そのもと》バイパスとして整備され、廃線跡の面影は残っていない。

⑨高森線（一九八六年四月一日、第三セクター「南阿蘇鉄道」移管）

熊本空港から車で約三〇分に位置する立野駅から白川《しらかわ》沿いに高森駅までを結ぶ路線。沿線外に高校が二校あり、通学に利用されている。路線沿いに国道三二五号線が通っており、バスと自家用車とは競合関係にある。転換後に列車本数は上下ともに五本増加し、観光時期になるとトロッコ列車が運行される。

第二次特定地方交通線の廃止

⑩漆生線（一九八六年四月一日廃止）

後藤寺線下鴨生《しもかもお》駅から分岐して下山田《しもやまだ》駅までを結んでいた路線。炭鉱の閉山による利用客減少によって廃線となった。廃線後は西鉄バスが代替路線として22番を新設したが、二〇〇三年にこちらも廃止となった。現在では才田《さいだ》駅に隣接するバス停まで延長した西鉄バス筑豊の12番が残っている。廃線跡としては鴨生《かもお》駅と漆生《うるしお》駅跡が公園として整備されているほか、才田駅跡には待合所とホームが残っている。

⑪宮之城線(一九八七年一月一〇日廃止)

鹿児島本線川内《せんだい》駅から分岐して薩摩大口《さつまおおくち》駅に至っていた路線。廃線後に林田産業交通により川内－宮之城《みやのじょう》間と川内－入来《いりき》間が、南国交通により宮之城－薩摩大口間がバス路線に転換された。なお、林田産業交通に転換された区間は現在、鹿児島交通が担当している。

⑫大隅線(一九八七年三月一四日廃止)

日南線志布志《しぶし》駅から日豊本線国分《こくぶ》駅までを結んでいた路線。志布志を始発とし、西鹿児島駅まで乗り入れていた快速「大隅《おおすみ》」と鹿屋《かのや》から日南線を経由して宮崎駅まで乗り入れていた快速「佐多《さた》」が廃線前まで設定されていた。廃線後は国鉄バスが代替路線を設定していたが、のちに鹿児島交通に移管された。廃線跡は遊歩道や道路とされており、比較的訪ねやすい廃線跡となっている。

⑬佐賀線(一九八七年三月二八日廃止)

長崎本線佐賀駅から鹿児島本線瀬高《せたか》駅までを結んでいた路線。廃線以前から西鉄バスと佐賀市交通局が佐賀－柳川《やながわ》間を、堀川バスが柳川－瀬高間を運行しており、これらの路線が代替路線となった。諸富《もろとみ》－筑後若津《わかつ》間には筑後川《ちくごがわ》橋梁が存在し、廃線後にこちらは保存され、国の重要文化財に指定されている。

⑭志布志線（一九八七年三月二八日廃止）

日豊本線西都城《にしみやこのじょう》駅から日南線志布志駅までを結んでいた路線。廃線後に鹿児島交通にバス転換され、その後は三州《さんしゅう》自動車（現・鹿児島交通）に移管された。廃線跡のほとんどは道路化されているが、今町《いままち》駅にはホームと線路が、末吉《すえよし》駅には旧駅舎とポイント切り替え機が、伊崎田《いさきだ》駅には志布志市有明鉄道記念公園として旧駅舎が、それぞれ保存されている。

⑮山野線（一九八七年二月一日廃止）

鹿児島本線水俣《みなまた》駅から肥薩線栗野《くりの》駅までを結んでいた路線。線名は途中の山野《やまの》駅に由来。久木野《くぎの》－薩摩布計《ふけ》間には直径三〇〇mの大川《おおかわ》ループと呼ばれるループ線が存在した。廃線後に九州産交バスが水俣－久木野間を、南国交通の空港バスが水俣－薩摩大口間を、同社路線バスが薩摩大口－栗野間を代替路線として運転している。廃線跡としては水俣－久木野間に自転車歩行者専用道として「日本一長〜い運動場」が整備された。

⑯松浦線（一九八八年四月一日、第三セクター「松浦鉄道」移管）

佐世保線佐世保駅から筑肥線に接続する伊万里を経由して佐世保線の有田《ありた》駅までを結ぶ路線。現在の松浦鉄道西九州《にしきゅうしゅう》線に該当する。転換当初は佐世保から有田まで全線を通して運転する列車も存在したが、一九九二年のダイヤ改正によって伊万里駅を境にするように運転系統が分離され、現在は伊万里駅をまたいで運行される列車は存在しない。

⑰上山田線（一九八八年九月一日廃止）

筑豊本線飯塚《いいづか》駅から日田彦山線豊前川崎《かわさき》駅までを結んでいた路線。廃線後は西鉄バスが代替路線を運行していたが廃止。現在運行しているのは西鉄バス筑豊の飯塚－上山田《かみやまだ》間と嘉麻《かま》市バスの旧上山田駅－熊ヶ畑《くまがはた》間、川崎町ふれあいバスの真崎《まさき》－豊前川崎間であり、熊ヶ畑－真崎間はバス運行されていない。

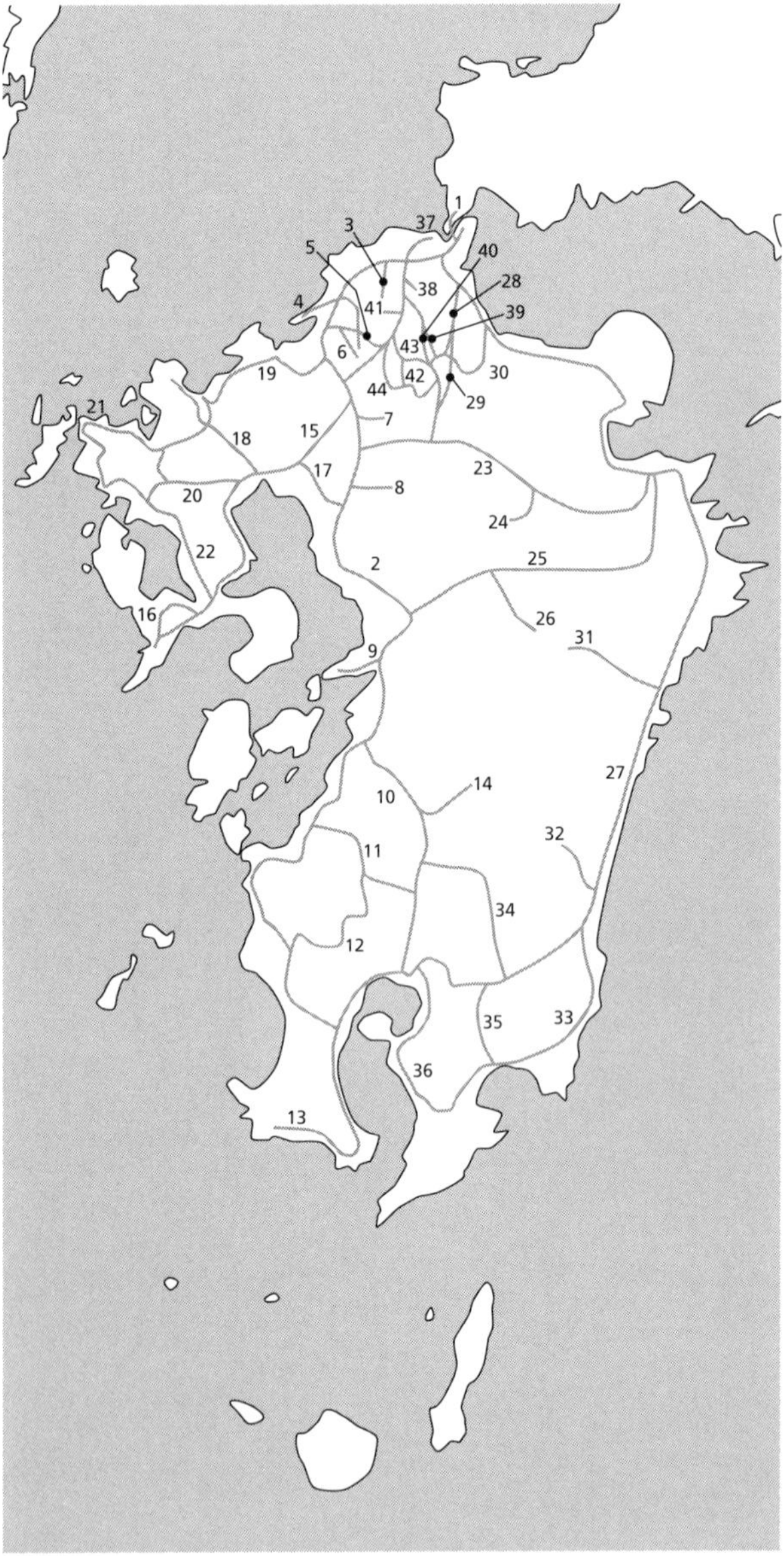
1
37
3
5
40
38
28
4
41
39
43
6
30
42
19
44
29
21
7
15
18
17
23
8
20
24
22
25
2
26
16
31
9
27
14
10
32
11
34
12
35
33
36
13

地図	分類	路線名	区間	営業キロ	廃止年月日	備考
1	幹線	山陽本線	下関－門司	6.3		
2	幹線	鹿児島本線	門司港－八代	232.4		(＊1)(＊2)
			八代－川内	116.9	2004年3月13日	現・肥薩おれんじ鉄道
			川内－鹿児島	49.3		
3	地方交通線Ⅰ	室木線④	遠賀川－室木	11.2	1985年4月1日	
4	地方交通線	香椎線	西戸崎－宇美	25.4		
5	幹線	篠栗線	桂川－吉塚	25.1		
6	地方交通線Ⅰ	勝田線②	吉塚－筑前勝田	13.8	1985年4月1日	
7	地方交通線Ⅰ	甘木線⑥	基山－甘木	14.0	1986年4月1日	現・甘木鉄道
8	地方交通線Ⅰ	矢部線⑤	羽犬塚－黒木	19.7	1985年4月1日	
9	地方交通線	三角線	宇土－三角	25.6		
10	地方交通線	肥薩線	八代－隼人	124.2		
11	地方交通線Ⅱ	山野線⑮	水俣－栗野	55.7	1988年2月1日	
12	地方交通線Ⅱ	宮之城線⑪	川内－薩摩大口	66.1	1987年1月10日	
13	地方交通線	指宿枕崎線	鹿児島中央－枕崎	87.9		(＊3)
14	地方交通線Ⅲ	湯前線㉒	人吉－湯前	24.9	1989年10月1日	現・くま川鉄道
15	幹線	長崎本線	鳥栖－長崎	125.3		
16			喜々津－長与－浦上	23.5		
17	地方交通線Ⅱ	佐賀線⑬	佐賀－瀬高	24.1	1987年3月28日	
18	地方交通線	唐津線	久保田－西唐津	42.5		
19	幹線	筑肥線	博多－姪浜	11.7	1983年3月22日	福岡市地下鉄直通
			姪浜－虹ノ松原	37.5		(＊4)
			虹ノ松原－山本	10.4	1983年3月22日	ルート変更
			山本－伊万里	25.7		
20	幹線	佐世保線	肥前山口－佐世保	48.8		
21	地方交通線Ⅱ	松浦線⑯	有田－佐世保	93.9	1988年4月1日	現・松浦鉄道
22	地方交通線	大村線	早岐－諫早	47.6		
23	地方交通線	久大本線	久留米－大分	141.5		
24	地方交通線Ⅰ	宮原線⑦	恵良－肥後小国	26.6	1984年12月1日	
25	地方交通線	豊肥本線	大分－熊本	148.0		
26	地方交通線Ⅰ	高森線⑨	立野－高森	17.7	1986年4月1日	現・南阿蘇鉄道
27	幹線	日豊本線	小倉－鹿児島	462.6		(＊1)
28	地方交通線	日田彦山線	城野－夜明	68.7		
29	地方交通線Ⅰ	添田線③	香春－添田	12.1	1985年4月1日	
30	地方交通線Ⅲ	田川線㉑	行橋－田川伊田	26.3	1989年10月1日	現・平成筑豊鉄道
31	地方交通線Ⅱ	高千穂線⑱	延岡－高千穂	50.1	1989年4月28日	(＊5)
32	地方交通線Ⅰ	妻線⑧	佐土原－杉安	19.3	1984年12月1日	
33	地方交通線	日南線	南宮崎－志布志	89.0		(＊6)
34	地方交通線	吉都線	吉松－都城	61.6		
35	地方交通線Ⅱ	志布志線⑭	西都城－志布志	38.6	1987年3月28日	
36	地方交通線Ⅱ	大隅線⑫	志布志－国分	98.3	1987年3月14日	
37	地方交通線	筑豊本線	若松－原田	66.1		
38	地方交通線Ⅰ	香月線①	中間－香月	3.5	1985年4月1日	
39	地方交通線Ⅲ	伊田線⑲	直方－田川伊田	16.2	1989年10月1日	現・平成筑豊鉄道
40	地方交通線Ⅲ	糸田線⑳	金田－田川後藤寺	6.9	1989年10月1日	現・平成筑豊鉄道
41	地方交通線Ⅲ	宮田線㉓	勝野－筑前宮田	5.3	1989年12月23日	
42	地方交通線	後藤寺線	田川後藤寺－新飯塚	13.3		
43	地方交通線Ⅱ	漆生線⑩	下鴨生－下山田	7.9	1986年4月1日	
44	地方交通線Ⅱ	上山田線⑰	飯塚－豊前川崎	25.9	1988年9月1日	

(＊1)現在は小倉－西小倉間0.8kmで重複しているが、1987年10月1日の鹿児島本線西小倉駅開業まで重複はなかった。

(＊2)現在は技光－八幡間のルート変更により1.0km短縮。

(＊3)現在は枕崎駅の移転により0.1km短縮。

(＊4)虹ノ松原－唐津間5.1kmは1983年3月22日開業。

(＊5)高千穂鉄道への転換を経て2005年9月6日運転休止。延岡－槇峰間は2007年9月6日、槇峰－高千穂間は2008年12月28日に廃止。

(＊6)現在は志布志駅の移転により0.1km短縮。

図表11　1983年当時の九州の国鉄路線図
注:アミカケは国鉄時代に廃止。そのほかはJR九州に承継。①～㉓は本文の項目番号。
Ⅰは第一次特定地方交通線、Ⅱは第二次特定地方交通線、Ⅲは第三次特定地方交通線

⑱高千穂線（一九八九年四月二八日、第三セクター「高千穂鉄道」移管）

日豊本線延岡駅から高千穂駅までを結んでいた路線。高森線（現在は南阿蘇鉄道）高森駅まで建設される予定だったが、トンネル工事中の出水事故によって工事は中断され、その後、凍結となる。そして二〇〇五年の台風被害によって復旧が困難となり、廃線となった。その後、神話高千穂トロッコ鉄道が設立され、将来的に延岡までの復旧を目指している。現在は高千穂あまてらす鉄道に改称され、高千穂から高千穂橋梁までスーパーカート（線路上を走るカート）が運行されている。

第三次特定地方交通線の廃止

⑲伊田線（一九八九年一〇月一日、第三セクター「平成筑豊鉄道」移管）

筑豊本線直方《のおがた》駅から日田彦山線田川伊田《いた》駅までを結ぶ路線。現在の平成筑豊鉄道伊田線にあたる。特定地方交通線のなかで唯一、転換前に複線化されており、転換後の二〇〇四年までセメント輸送のためJR貨物の貨物列車が乗り入れていた。現在は田川線、糸田《いとだ》線各線に乗り入れる列車が設定されている。

⑳糸田線（一九八九年一〇月一日、第三セクター「平成筑豊鉄道」移管）
日田彦山線田川後藤寺駅から金田《かなだ》駅までを結ぶ路線。現在の平成筑豊鉄道糸田線にあたる路線。伊田線と並行しているが、石炭産業が斜陽化するまで貨物輸送では重要な路線であったため、ＪＲ北海道の札沼《さっしょう》線（学園都市線）のように不要不急路線に指定されずに現在にいたる。転換後に松山《まつやま》駅と大藪《おおやぶ》駅の二駅が新設された。

㉑田川線（一九八九年一〇月一日、第三セクター「平成筑豊鉄道」移管）
日豊本線行橋《ゆくはし》駅から日田彦山線田川伊田駅までを結ぶ路線。現在の平成筑豊鉄道田川線にあたる路線。二〇一八年の豪雨災害の影響によって田川伊田駅から崎山《さきやま》駅までが不通となったが、同年一〇月に運行を再開している。路線上には九州最古の鉄道トンネルである第二石坂《いっさか》トンネルと、国の登録有形文化財に登録されている内田《うちだ》三連橋梁が存在する。

㉒湯前線（一九八九年一〇月一日、第三セクター「くま川鉄道」移管）
肥薩線人吉駅から分岐して湯前《ゆのまえ》駅までを結ぶ路線。現在のくま川《がわ》鉄道湯前線にあたる路線で、始発駅の人吉温泉駅はＪＲ九州の人吉駅に隣接している。沿線には高校が複数あり、

高校生の通学利用が八割と利用客の大半を占めており、平日朝はとても混雑している。二〇一四年からは観光列車「田園シンフォニーはぴねすトレイン」が土休日に運行されている。路線上には数多くの橋梁などが国の登録有形文化財に登録されている。

㉓宮田線（一九八九年一二月二三日廃止）

筑豊本線勝野《かつの》駅から筑前宮田《みやだ》駅までを結んでいた本線と、磯光《いそみつ》駅から分岐して菅牟田《すがむた》駅までにいたる貨物線の二線が運行されていた。廃線後は西鉄バスとJR九州バスが代替路線を運行した。現在ではルートが異なるが、西鉄バス筑豊が直方駅から筑前宮田を経由するバスを、JR九州バスが直方から宮田を通って博多までを結ぶ直方線をそれぞれ運行している。廃線跡はほとんどが道路化されているが、勝野駅から磯光駅間のガーダー橋がいまでも残っている。

第四章

ＪＲ九州の躍進

——一九八七〜一九九〇年

経営安定基金で黒字化を試算

国鉄再建監理委員会は「意見」(報告書)のなかで旅客会社の一九八七年度の経営見通しを示したが、JR九州については収入一三四八億円に対して支出一三三七億円で、損益は一一億円の黒字となるとした。

JR発足直前の一九八七年三月には政府最終見通しが発表され、そのなかではより現実的な数字として一九九一年までの五年間の収支が示された。JR九州については一九八七年度は営業収入が一一八四億円、営業費用は一四五四億円で、営業損益は二七〇億円の赤字、経営安定基金の利子二八二億円を受け入れて経常利益は一二億円の黒字とした。

営業収益は毎年の運賃改定によって増加し、一九九一年度には一三七七億円となると予想し、営業費用が一五九五億円に増加するため、営業損益は二一八億円の赤字、経営安定基金の利子の受取額二八七億円で、経常損益は六九億円の黒字とした。

一九八七年度の実績は営業収益が一二九八億円に対して営業費用は一五八七億円で、営業損益は二八八億円の赤字。経営安定基金の利子の受け取りが二八三億円あったため、経常損益は一五億円の黒字となった。「見通し」に比べて営業収入と営業費用ともに増加しているが、最終的に見通しどおりの利益を計上した。

	1987	1988	1989	1990	1991
営業収入	1,184	1,238	1,283	1,332	1,377
営業費用	1,454	1,491	1,529	1,562	1,595
人件費	783	803	827	848	869
物件費	472	485	496	506	515
租税公課	16	21	24	25	27
減価償却費等	183	182	182	183	184
営業損益	△270	△253	△246	△230	△218
（営業係数）	（123）	（120）	（119）	（117）	（116）
利子	△282	△285	△286	△286	△287
経常損益	12	32	40	56	69
（経常係数）	（99）	（98）	（97）	（97）	（96）

図表12　JR九州の経営見通し（年度別、億円）
出典：「交通年鑑」（1988年）

その後、見込んでいた運賃の引き上げなしに、五年目の一九九一年度は四二億円の経常黒字となった。高速道路の開通が相次いだことで、高速バスへの旅客のシフトを避けるためには、運賃を引き上げるわけにはいかなかった。

社員数は必要数より三〇〇〇人多い一万五〇〇〇人を予定していたのに対して、対象者に意思確認書を発行したところ、北海道と九州については希望者が採用数を大きく上回ったため、選考のうえ、一万五〇〇〇人を採用した。その後は次第に減少。一九九一年度には一万四〇八〇人まで減少し、出向者数も七三〇人から一一九〇人に増加した。一九八九年の平成筑豊鉄道の設立による出向数の増加が大きい。

国鉄末期に北海道や九州の職員を関東や関西の都市圏に移す広域異動を実施したが、それでも北海道と九州は職員数が多かった。広域異動の希望者は若年者が中心であったため、北海道と九州の職員の年齢層は高かった。しかし、これが幸いして本州三社に比べて定年退職者が多く、自然減によって職員数は急速に減少し、一九九九年度には適正数まで減少した。ただし、その時点では業務の効率化によって適正数自体が減少していた。

鉄道災害復旧費補助金制度の創設

一九九〇年七月一日から二日にかけて、一時間雨量六〇㎜を超す豪雨に見舞われ、豊肥本線が各地で寸断された。とくに桜木川《さくらぎがわ》橋梁は橋桁流失、玉来川《たまらいがわ》橋梁と第一大野川《おおのがわ》橋梁は橋梁全体が流失したのが大きかった。

復旧工事は一年以上を要し、一九九一年八月一〇日に豊後竹田－緒方《おがた》間、一〇月一九日に宮地－緒方間の運転を再開した。

復旧費用は当初四二億円が見込まれ、巨額となることから、国や国会に繰り返し要望した結果、国と自治体が二五％ずつ負担する鉄道災害復旧費補助金の制度が創設された。その後の鉄道災害の復旧で、大きな支えとなっている。

高速バス打倒の切り札となった７８３系電車「ハイパーサルーン」

ＪＲ九州はその鉄道運輸収入の六割が特急から上がったものであるが、それに使われる車両は昭和四〇年代から製造された４８５系電車であり、それも比較的古いものが多かった。国鉄末期には短編成化による増発のために車高が低い直流用のクハ１８１形まで転用された。それらの車両の固定クロスシートの座席の居住性は必ずしも良好ではなかった。

ＪＲ九州は高速バスや長距離バスに流れた旅客を取り戻すため、新型特急形電車は国鉄時代の車両の設計思想とは一線を画する画期的なものにすべく、社を挙げて取り組んだ。

「ハウステンボス」仕様の「ハイパーサルーン」783系電車

ＪＲ九州が計画した最初の特急形電車が７８３系「ハイパーサルーン」である。ステンレス車体に普通鋼の前頭部を接合し、大型の前面窓を備えている。運転台越しに客席からも前方展望を楽しめる構造である。

近郊形電車と同じ屋根の高さを持ち、日本の鉄道車両ではめずらしく乗降ドアが車両の中央にある、それまでの特急形電車とは違った設計思想でつくられていたが、その後のJR九州の車両に比べると、まだ垢抜《あかぬ》けていなかった。

JR九州は地域密着の経営を標榜して都市部を中心に新駅の設置を積極的に推進した。分割民営化前後の一九八六〜一九八八年度にかけて四一駅を新設。一九八九年三月一一日には鹿児島本線九産大前《きゅうさんだいまえ》、春日《かすが》、都府楼南《とふろうみなみ》、天拝山《てんぱいざん》、香椎《かしい》線須恵中央《すえちゅうおう》、筑豊本線浦田《うらた》、新入《しんにゅう》など一四駅が一気に新設された。

国鉄時代は駅間距離が四〜五㎞離れており、大都市圏であっても地域の交通需要に十分に対応できずにいた。

なかでも笹原《ささばる》、長者原《ちょうじゃばる》、九産大前、春日の各駅は一日の乗降客数が五〇〇〇人を超えていた。

「都市型ダイヤ」の構築（一九八八年三月一三日全国ダイヤ改正）

JRが発足してからおよそ一年が経った一九八八年三月一三日、JR各社で同時に全国的なダイヤ改正が行われた。このダイヤ改正の特徴は地方都市を中心に地域の生活交通を担う地域列車を増強したことである。

国鉄時代は優等列車や貨物列車の合間を縫って地域列車が運行していたため、本数がかぎられていて利便性は低かった。その半面、輸送力を確保するために八両編成など長大編成で運行していた。

ＪＲ九州はこのダイヤ改正で、列車走行距離で二〇％、列車本数で二三％の大幅な増発を行った。限られた車両数で大幅な増発を実施するため、八両編成を四両編成とするなど、短編成化を進めた。

鹿児島本線博多‐熊本間、長崎本線鳥栖‐佐賀間は一九八六年一一月のダイヤ改正で特急の三〇分間隔が実現していた。

ダイヤ改正用に７８３系電車二九両を新造したが、一部はＪＲ九州の小倉工場が製造を担当した。全車を鹿児島本線の特急「有明」に投入し、博多‐熊本間三往復、博多‐西鹿児島間一往復を増発した。全二八往復のうち一五往復が７８３系での運行である。そのなかで、「スーパー有明41、14号」は最高時速一二〇㎞の速達列車で、博多‐鹿児島中央間を最大四〇分のスピードアップを実現した。

特急「有明」に新型特急形電車７８３系を投入して捻出された４８５系電車によって、博多‐長崎間特急「かもめ3、26号」一往復を増発。うち「かもめ３号」は博多‐肥前山口間で「みどり1号」と併結運転を行った。

日豊本線でも特急「にちりん」を門司港－小倉－大分間で一〇往復増発、博多・下関－小倉－西鹿児島間で合計下り二八本、上り二七本の運行となった。うち七往復が博多発着である。

なお、前年三月二一日から特急「有明」の豊肥本線直通運転を実施していた。熊本駅は都市の中心部からは南に離れたところに位置し、駅前には九州産交の古めかしいバス乗り場があるほか、あまりにぎわいの見られない場所であった。むしろ熊本駅から南側を円弧を描いて東に回り込んだ水前寺駅のほうが市街地に近く、県庁へのアクセスにも便利がよかった。

博多－熊本間の「有明」のうち下り七本、上り八本をDE10形ディーゼル機関車の牽引で水前寺まで運行した。当時は豊肥本線は非電化であった。

まだ国鉄であった一九八七年三月二一日から二往復を臨時普通列車として運転。JR九州となってから四月二五日に三往復を増発して五往復の運転とした。なお、ゴールデンウィーク中はこの「有明」は臨時で西鹿児島に運転区間を延伸したため、熊本－水前寺間は別に気動車で区間運転した。翌年三月一三日のダイヤ改正で定期列車となった。当初は電源車としてオハフ12形客車を連結したが、のちに貨物列車用の車掌車ヨ８０００形を改造して電源車とした。

また、キハ１８３系１０００番台三両が新造された。前面展望台で、運転席が車体の上部に突き出た小田急《おだきゅう》のロマンスカーのようなスタイルである。キハ１８３系は北海道が特急の老朽車の置き換え用に量産していたが、スタイルはまったく異なる。

大村線沿線にオランダの街並みを再現したリゾート施設として「長崎オランダ村」があった。オランダ村への観光客を輸送するため、一九八八年三月から特急形気動車キハ１８３系１０００番台によって「オランダ村特急」一往復が季節列車（土休日）として運行を開始した。最寄り駅は非電化、単線の大村線の彼杵《そのぎ》であるが、運転区間は全区間電化路線である小倉－佐世保間。一九八九年四月に中間車一両を増備して四両編成となった。

最高時速一二〇㎞で、キハ80系の時速九五㎞から大幅に向上。最初から電車との協調運転が可能で、実際に一九八九年四月二九日から門司港－博多間で４８５系電車「有明11号」五両編成（博多発を門司港発に変更）と併結運転をした。

また、夜行列車として残っていた急行についても、日豊本線経由で門司港－西鹿児島間（宮崎－西鹿児島間は普通列車）を走っていた12系座席車＋24系寝台車による客車急行「日南」は博多発着に変更。鹿児島本線門司港―西鹿児島間急行「かいもん」は門司港―小倉間が普通列車とされた。

鹿児島本線博多地区では初めて博多―久留米《くるめ》間に快速を三〇分間隔で設定した。

そのほか、キハ31形にワンマン機器を搭載するとともに、三両を増備して三角線と香椎線で整理券、運賃箱方式のワンマン運転を開始した。

敏腕デザイナー水戸岡鋭治氏との出会い

ところで、JR九州が発足した四月一日、「パノラマライナー・サザンクロス」が完成した。12系客車の座席車を改造した欧風客車で、新生JR九州を象徴する豪華列車であった。この車両を使ってJR発足記念イベント列車「九州一周の旅」が運行された。

同年七月三〇日に香椎線の海側の区間にもキハ58系を改造した「アクアエクスプレス」が運行を開始した。このデザインを行ったのが水戸岡鋭治氏である。石井社長と水戸岡氏の出会いがその後のJR九州のアイデンティティを決定づけたということができる。「アクアエクスプレス」は予算がかぎられたために、既存の車体をそれほど手をかけずに改造したことから、見栄えが悪いが、利用者には評判がよかった。

続いて一九八八年八月二八日に8620形蒸気機関車８６５４号によって豊肥本線熊本－宮地間に「あそBOY」の運行を開始した。人吉鉄道記念館で保存されていた機関車を四億円をかけて復元したもので、一九八九年に門司港開港一〇〇年、九州鉄道一〇〇年を迎えるということで、当時のＪＲ九州社長・石井幸孝氏が決定した。

都市間ネットワークの構築（一九八九年三月一一日ダイヤ改正）

ＪＲ九州は一九八九年三月一一日の全国のダイヤ改正に合わせて高速バスに旅客が流れていた都市間輸送の強化に力を入れた。

まず一九八八年度分の７８３系電車「ハイパーサルーン」二八両を増備して鹿児島本線の特急「有明」を博多－熊本間で一往復、熊本－西鹿児島間で一往復増発。運転本数は三〇往復となった。そのうち一二往復が４８５系電車、一八往復が７８３系である。また、７８３系の列車のうち博多－西鹿児島間の四往復には三号車にカフェテリアを設置した。

さらに長崎本線でも博多－長崎間特急「かもめ」四往復を増発して一八往復の運転とした。そのうち二往復に新たに７８３系が投入され、四号車ではカフェテリアが営業された。

また、三往復は博多－肥前山口間を佐世保線の特急「みどり」と併結した。

日豊本線では博多・門司港・下関－小倉－大分－宮崎－西鹿児島間の特急「にちりん」を小倉－大分間で一往復増発して下り二九本、上り二八本の運転とした。そのほか、博多－小倉間、大分－佐伯《さいき》間各一往復を延長した。

続いてキハ58系、キハ65形の主要機器を再利用したキハ71系によって観光特急「ゆふいんの森」の運行を開始した。床面が一段高い全車ハイデッカーである。塗色もメタリックな艶のある緑色で金色の帯が巻かれた、鉄道車両というよりむしろ都会の上品なフレンチレストランのイメージである。車内には木を多用するなど、行楽客をもてなす趣向にあふれていた。当時は土休日と行楽シーズンに一往復運転した。

急行については鹿児島本線博多－宮崎間の急行「くまがわ」のうち快速として運転する博多－熊本間を廃止するとともに、熊本－人吉間三往復を増発して合計四往復となった。肥薩線熊本－宮崎間の急行「えびの」は三往復中、二往復について博多－熊本間を延長して博多－宮崎間の運転となる。

かつてJR九州の特急には客室乗務員が乗務していた。一九八八年に鹿児島本線の特急「有明」にハイパーレディが登場したのが始まり。観光特急「オランダ村特急」にはチロリアンスタイルのオランダレディが乗務した。このダイヤ改正で「ゆふいんレディ」が加わった。

また、このダイヤ改正で通勤通学時間帯の増発・増結、快速の増強、深夜の「ホームライナー」が新設された。

通勤形電車についても一九八九年七月から８１１系電車ニューシティライナー四両編成の投入を開始した。三扉転換式クロスシートのステンレス車で、最高時速は従来の九五㎞から一気に一二〇㎞に引き上げられた。同年九月までに四本を新造して旧型の４２３、４１５系電車を置き換えた。福岡地区の快速を中心に使用され、臨時急行や団体列車としての使用も想定していた。従来の車両が固定クロスシートやロングシートであったため、格段の居住性の向上となった。同じ時期に製造を始めたＪＲ北海道の７２１系電車、ＪＲ西日本の２２１系電車、ＪＲ東海の３１１系電車と同等のアコモデーション（車内設備）を備えている。

JR九州の観光列車のパイオニアとなったキハ71系「ゆふいんの森」

「高速バスより三〇分早く」（一九九〇年三月一〇日ダイヤ改正）

「高速バスより三〇分早く」のスローガンのもとで幹線高速化を推進し、一九九〇年三月に鹿児島本線博多－八代間と長崎本線鳥栖－肥前山口間の時速一三〇km化を実施した。博多－西鹿児島間が三時間三八分、博多－長崎間一時間五〇分となった。時速一三〇km運転に対応しているのは、この時点では７８３系だけである。

長崎本線では三月八日に浦上《うらかみ》－長崎間を複線化したのに加えて列車の交換が可能な新駅として、けやき台《だい》、長里《ながさと》の両駅を新設。また、東諫早《ひがしいさはや》駅を交換駅に改造した。さらに長崎本線の単線区間の交換駅では一線を制限速度がつかない直線に改良する一線スルー化を実施して大幅なスピードアップを実現した。平成の時代まで、長崎駅までが単線であったのも驚きである。

このダイヤ改正では７８３系電車二七両を増備して「かもめ」三往復を増発するとともに、７８３系の使用列車（「ハイパーかもめ」）を五往復とした。特急「にちりん」にも初めて７８３系が登場して「ハイパーにちりん」の名称がつけられた。

また、４８５系電車は新型車に比べて見劣りする存在になっていたため、リニューアルして赤一色に塗られ、まず長崎本線に「赤いかもめ」が登場した。

福北都市圏では特急増発に備え、列車の待避ができる駅として、鹿児島本線の古賀《こが》駅を橋上駅化（前年一二月）するのに合わせて二面四線化された。

通勤電車は８１１系電車四両編成七本が増備され、快速を中心に使用された。小倉－博多間の快速六七本のうち三四本が８１１系での運行となった。

さらなるテコ入れが進む筑肥線

福岡市営地下鉄に直通する筑肥線では、ほかのＪＲ路線とは別にダイヤ改正を実施。次第に郊外部の運転本数を増やしていった。

まず一九八九年七月二〇日にはデータイムの筑前前原－唐津間の列車を一部三両編成化して七往復半を増発し、三〇分間隔にそろえた。三両編成の電車はすべて筑前前原以西で運用し、筑前前原で地下鉄直通の電車に乗り換えた。

続いて一九九〇年一〇月六日の筑肥線のダイヤ改正では山本－伊万里間でワンマン化を実施した。その前段として同年三月一〇日にはこの区間のＣＴＣ（列車集中制御装置）の使用を開始した。筑肥線は博多から西唐津までは電化された都市鉄道であるが、西唐津から西側の路線はＪＲ九州の路線網としては行き止まりの末端路線である。西唐津－山本間は唐津線の列車も走るため、すでにCTC化は終わっていた。

都市路線の側でも筑前前原－唐津間に快速を一往復設定したほか、姪浜－筑前前原間で普通列車六往復半を増発した。

「赤い快速」で篠栗線を通勤路線化（一九九一年三月一六日ダイヤ改正）

783系電車を六両追加投入して日豊本線の特急「にちりん」を置き換え。赤い485系電車が佐世保線にも登場（「赤いみどり」）し、「かもめ」は二一往復中九往復、「みどり」は全列車がリニューアル車となった。


また、博多駅に篠栗線専用ホームが新設され、全列車が博多発着となった。

篠栗線は非電化であったため、通勤形気動車として爪クラッチによって最高時速を一一〇㎞に引き上げたキハ200系を開発した。両開きの三扉で、転換式クロスシートを装備する。従来の固定ボックスシートからは居住性が格段に向上した。並行して製造された811系電車と同様のアコモデーションである。一九九〇年度に二両編成三本を新造して直方気動車区に投入し、筑豊本線と篠栗線で快速に使用を開始した。一九九二年度までに一一本二二両をそろえ、赤色の車体色から「赤い快速」の愛称がつけられた。博多－飯塚間は四九分から三六分、博多－直方間は六九分から五二分に、大幅にスピードアップとなった。

篠栗線は一九六八年に開業した比較的新しい路線である。博多と筑豊地方のあいだには山地が続いているため、鉄道ではいったん鹿児島本線で原田まで向かい、原田で筑豊本線に乗り換える必要があった。その山地をトンネルを掘削して短絡させたのが篠栗線である。福岡市の都市圏に位置していながら、博多駅の容量不足によって多くの列車が吉塚どまりで、運転本数も少なく、ローカル線然としていた。

そのほか、福北都市圏にも８１１系四両編成七本を増備して旧型車と置き換えた。大牟田市内に鹿児島本線の新駅・吉野《よしの》駅を新設した。明光《めいこう》学園中学校・高等学校の隣接地で、教職員専用出入り口が設けられている。

このダイヤ改正では筑肥線の姪浜－筑前前原間は五二往復、筑前前原－唐津間は三六往復と大幅に運行本数が増加し、一部の時間帯について一五分間隔に増強した。

高速バス進出とローカル路線バスの廃止

国鉄時代の一九八六年一二月に直方・博多線「直方高速」を西鉄と共同運行を開始した

のが九州における国鉄・ＪＲの初の高速バス路線である。その後、一九八九年七月に福岡－宮崎線「フェニックス」を西鉄、九州産業交通、宮崎交通と共同運行を開始。当時は博多－宮崎間で五時間五一分を要した。同年九月には嬉野《うれしの》・唐津線「うれしのライナー」の運行を開始したが、一九九一年七月に休止、八年七月には廃止された。続いて同年一二月に福岡・名古屋線夜行便「レインボー号」をＪＲ東海バスと共同運行。ＪＲ九州最初の夜行便である。一九九〇年九月一一日に名古屋行きバスが中央分離帯を飛び越えてきたトラックと衝突し、乗務員を含む九名が軽傷を負う。同年一一月に前原・博多－なんば・堺《さかい》線夜行便「サザンクロス博多号」を昭和自動車、南海電鉄、西日本ＪＲバスと共同運行を開始。一二月には西鉄、鹿児島交通、林田産業交通、南国交通が共同運行していた福岡・鹿児島線「桜島号」に参加した。

一般路線バスではＪＲ発足後すぐに地方路線の整理と都市部で積極的に路線を開発することによって経営改善を目指した。

一九八七年七月に直方線鞍手大橋－鞍手駅前間を延長する一方で、翌年二月には国分線牛根《うしね》－百引《もびき》間、嬉野線嬉野温泉－国立病院前間、宮林《きゆうりん》線東原口－高崎新田《たかさきしんでん》間、日肥《につぴ》線大藪《おおやぶ》橋《ばし》－大河内《おおかわうち》間、三月には山鹿《やまが》線原部《はらぶ》－梶屋橋《かじやばし》間、北薩《ほくさつ》線都迫《どんざこ》－蒲生《かもう》間、花尾《はなお》－花尾口《はなおぐち》間、

加治木《かじき》線箇原《かんばら》－帖佐橋《ちょうさばし》間、臼三《きゅうさん》線上鷲谷《かみわしだに》－片内《かたうち》間、宮林線上ノ原《うえのはる》－栗下《くりした》間、都城線上白《かみしら》木俣《きまた》－上新村《かみしんむら》間を矢継ぎ早に廃止していった。一九八八年度に入ると、直方線東久原《ひがしくばら》－篠栗間、福間－粟島《あわしま》神社前間、嬉野線彼杵－彼杵港《そのぎこう》間などを新設した。

しかし、経営に貢献するほどの効果はなく、その後も厳しい経営が続くことになる。

船舶事業の立ち上げで韓国に進出

ＪＲ九州の船舶事業は、他社にないものをとの取り組みのなかで生み出された。国鉄は青函《せいかん》連絡船、宇高《うこう》連絡船、宮島《みやじま》航路を運航していたが、ＪＲ発足直後に二つの連絡船はトンネルや連絡橋の完成にともなって廃止された。ＪＲ九州には船舶の経験者はいなかったため、ＪＲ四国から人員の協力を得た。

船舶事業の立ち上げには石井幸孝社長のもとで唐池恒二氏が船舶事業準備室の企画担当課長として携わった。ＪＲ九州の事業の多角化には唐池氏の功績が大きい。

一九八九年三月に船舶事業準備室を設置し、翌年の五月からジェットフォイル「ビートル」を投入して博多－平戸－長崎オランダ村間で運航を開始した。しかし、オランダ村自体が尻すぼみの状況で、利用が低迷した。その後、一九九二年三月にハウステンボスが開業したのにともなって運航区間を博多－ハウステンボス間に変更したが、依然として利用が低迷したため、一九九四年三月には運航を休止した。

その間、船舶事業の活路を見いだすべく、日韓の国際航路の準備を始めた。一九九一年三月一四日に韓国鉄道庁と「博多－釜山《プサン》航路」の共同運航の契約を締結。同月二五日にジェットフォイル「ビートル2世」を就航させた。関釜《かんぷ》フェリー下関－釜山間が一三時間を要するのに対してビートルは二時間五五分と大幅な短縮を実現した。一九九六年三月には利用促進のため、不定期で対馬《つしま》への寄航を開始した。

JR九州はすでに一九八八年から関釜フェリーを使って「日韓共同きっぷ」を発行していた。日韓それぞれの国内の鉄道乗車券とフェリー運賃をセットにした割引乗車券である。一九九一年七月に新たに「ビートル2世」用の「日韓共同きっぷ」を設定した。

三三駅に旅行センターを設置

旅行事業は鉄道事業の経営資源を活用できる分野であるため、JR発足後の経営多角化の切り札として期待された。そして鉄道事業本部営業本部販売課旅行業係が設置され、駅の営業組織として三三の駅に旅行センターが置かれた。同時に旅行ブランドとして「ジョイロード(JOY ROAD)」が生まれた。

一九九〇年には本社に「旅行事業本部」が設置され、旅行センターは駅の組織から切り離されて国内、海外旅行を扱う「ジョイロード」と、国内旅行だけの「旅行センター」の二本立てとなった。

本社直轄となった駅ビルのリニューアル

JR発足当初は、国鉄時代に開発した駅ビルのリニューアルに取り組んだ。小倉と佐賀は四〜五店舗程度の小規模なものであったが、長崎は店舗数三〇を数えて比較的規模が大きかったため、一九八八年一一月にリニューアルしたうえで「ぱるく長崎」という愛称がつけられた。

国鉄時代は駅ビルごとに別会社が「デイトス」という統一名称で営業していたが、JR九州になってからは本体の兼業部門として開発と運営が行われることになる。

リニューアルばかりでなく、新たに駅ビルの建築が計画された。さまざまな候補地のなかで田川伊田駅に決定し、一九九〇年三月に「ミュー田川伊田」を開業した。しかし、大都市とは異なって地域の経済力は限定的であるため、テナントの誘致は難航したが、最終的に金融機関や塾など地域密着型の店舗構成となった。二店目は一九九〇年一一月に開店した「ミュー佐世保」である。

マンション事業への進出

不動産事業では、一九八九年八月に初の分譲マンション「ＭＪＲ笹丘《ささおか》」（福岡市中央区）の販売を開始した。当初はあまりいい評価を得ていなかったが、一九九九年ごろからマンション事業は好調となり、兼業部門における、いちばんの収益事業に成長していくことになる。

「余剰人員」の活用で物販事業を兼業

国鉄時代は鉄道弘済会《こうさいかい》が鉄道構内の売店の運営を一手に引き受けていた。国鉄改革にともない、ＪＲ九州と鉄道弘済会が共同出資によって「九州キヨスク」が設けられた。これとは別にＪＲ九州みずから駅構内のコンビニエンスストアとして「生活列車」を開店するが、一九九九年にはフランチャイズ契約によって「am/pm」に転換した。

ＪＲ九州は、必要数を超えて人員を多めに採用した。そのいわゆる余剰人員を活用して、駅構内や鉄道用地でさまざまな新規事業の取り組みを行った。たとえばラーメンハウス「マイタウンラーメン」、手作りパン「グレンドール」、コンビニエンスストア「生活列車」、アイスクリーム店「ファンシー47」、居酒屋「驛亭《えきてい》」、スパゲティハウス「ヴェスビオ」である。

「グレンドール」は駅構内というメリットを生かして通勤帰りの需要を取り込めたことから人気を博すことになる。一九九二年六月に「株式会社トランドール」を設立して事業を引き継ぐ。その一方で、「ファンシー47」は季節性の強い商品であり、駅構内のメリットを生かせない商品であるため早期に撤退した。

また、長距離列車などの食堂車や駅構内でレストランを経営していた日本《にほん》食堂も国鉄の分割民営化に合わせて地域分割され、九州地区は「株式会社にっしょく九州」となる。一九九六年七月一日にジェイアール九州トラベルフーズに社名を変更して車内販売や駅ビルでの物販を行う。

第五章　総合サービス企業への変革——一九九一〜一九九五年

初の中期経営計画「アクション21」

ＪＲ九州は初めての長期計画として「アクション21」を策定した。「21世紀の総合サービス企業」を目指して輸送体系の整備、グレードの高いサービスの実現、安全に対する取り組みの強化を掲げた。併せて将来に向けた経営基盤強化のための施策として西鹿児島と小倉の駅ビル開発やホテル事業などの大規模プロジェクトを推進した。

また、一九九五年三月に本社では営業本部のもとに置かれた管理課、企画課、販売課を企画部、販売部に変更。北九州支社と福岡支社の両方にあった営業支社を廃止して旅行商品の企画や団体募集などの業務を販売部に集約した。

「鉄道事業部」設置でローカル線の経営を効率化

鉄道事業の営業キロの五割を占めるローカル線の経営改善については路線ごとに鉄道事業部の設置を進めていった。無人駅化、ワンマン化など、経営の効率化ばかりでなく、地域密着の活性化策によって「地域とともに生きる鉄道」の基盤づくりを目指した。

一九九一年度の唐津鉄道事業部に続いて一九九二年には人吉鉄道事業部、霧島高原《きりしまこうげん》鉄道事業部、一九九三年度には日南鉄道事業部を発足させた。

一九九九年度にも久留米、日田彦山、長崎、佐世保、大分、熊本、阿蘇、鹿児島、指宿の九カ所に鉄道事業部を新設、元の大分鉄道事業部は豊肥久大鉄道事業部に改称された。

阪神・淡路大震災の影響などで赤字に転落

ＪＲ発足時点では経営安定基金は国鉄清算事業団への貸付金として処理され、一〇年分割でＪＲ三島会社に償還され、一九九六年度に償還を終えることになっていた。この償還分については自主的に運用しなければならず、自主的といえば聞こえがいいが、結局は七・三％という実勢金利からかけ離れた高率な利益が提供される国の手厚い保護から自立することであった。この基金の元本は取り崩すことが禁止され、自主運用の対象は安全なものに限定されることから、運用益も実勢金利を大きく上回ることは期待できなかった。

一九九四年度の決算を反映し、ＪＲ北海道を含めて三島会社は一九九五年度事業計画では経営安定基金の運用益を含む経常収益で赤字を見込んだ。赤字額はＪＲ北海道、四国、九州の順で一七、二五、四〇億円である。営業収入に対する比率はそれぞれ一・七、五・五、二・三％とわずかであるものの、事業計画での赤字見込みは初めてのことであった。

一九九五年一月に発生した阪神・淡路大震災で九州と四国への大動脈の急所が切断され、

新幹線はもとより夜行寝台列車の運休を余儀なくされた。この期間は航空各社は大幅な増便を行い、カーフェリーなどの海上輸送や高速バスなど代替交通手段への旅客の転移が進んだ。JR九州とJR四国は入《い》り込《こ》み客の減少による減収となったが、JR九州の場合にはそれに加えて寝台列車の運休によるJR他社からの車両使用料の減収もあった。

運賃改定に追い込まれたJR三島会社

一九九五年一〇月二四日にJR三島各社は運賃の改定を運輸大臣に申請した。一九八九年の消費税の実施によって運賃が改定されたが、本格的な改定は国鉄改革以後では初である。各社の運賃改定率（申請）はJR北海道が平均値上率七・〇%、JR四国は平均値上率八・〇%である。JR九州の平均値上げ率は七・八%で、内訳は普通運賃九・二%、通勤定期一三・四%、通学定期九・七%である。各社とも料金は据え置いた。

一一月中に公聴会が開かれ、一二月二二日には早くも認可された。一月一一日に値上げは実施されたが、JR四国の平均値上げ率は〇・五%圧縮されて七・五%となった。

JR三島会社については五月に当時の亀井《かめい》静香《しずか》運輸大臣が本州三社との業績格差について是正を検討することを表明。九月には平沼赳夫《ひらぬまたけお》運輸大臣も同様の判断を示しており、三島各社の運賃改定についてはすでに政府内部では容認の考えを固めていたといえる。三島各社の業績は好転する要因が見いだせず、この段階での当期損失による内部留保資金や準備金の取り崩しは将来に不安を残すことになる。経常損失は運賃改定によって速やかに解消しなければならないという認識であったと思われる。

JR九州は旅客の逸走を避けながら増収率を確保することを目指して「対キロ区間制」を導入。三〇〇kmまでの値上げ率は一〇〇kmまでの値上げ率一二・四％より低い九・六％に抑えて遠距離逓減が働くようにし、さらに従来は中距離帯（地帯）の逓減運賃が適用されていた三〇一km以上については運賃を据え置いた。特急やグリーン車の料金は据え置いたが、高速バスと競争関係に入るのが比較的早かったことから、三島会社のなかでいちばん早く特急料金の二五kmの刻みを設けて短距離区間での値下げを行っている。

また、JR四国とJR九州の地方交通線の運賃計算は営業キロを一・一倍した換算キロを用いて計算する方式に改められた。

ローカル列車が土砂に飲み込まれた鹿児島豪雨

一九九三年の夏は九州中南部で異常な豪雨が続き、各地でがけ崩れや河川の氾濫で鉄道

被害にあった車両と同型のキハ200系(左)とキハ40系

が寸断された。

八月六日も断続的に大雨が降っていた。鹿児島県は昔から桜島の噴火による灰が降り注ぎ、粒が細かいシルト層が広がっている。これは雨を保つことが難しく、ひとたび大雨が降ると容易に崩壊する地質である。

鹿児島市吉野町《よしのちょう》竜ヶ水《りゅうがみず》は錦江湾《きんこうわん》に急傾斜で山が落ち込む地形である。その麓の狭い平地に日豊本線が走っている。

この日の豪雨でその傾斜面が大きく崩落し、土砂が線路を乗り越えて錦江湾まで達した。折しも大雨で運転規制がかかって竜ヶ水駅に停車していたキハ40系三両編成とキハ200系二両編成が土砂に飲み込まれた。乗客は乗務員によって直前に海岸べりに誘導されて助かった。車両が堰《せき》になって土砂の勢いが弱められたことで助かったという話も聞かれる。

九月三日の台風一三号でも豊肥本線緒方－三重町間、久大本線野矢《のや》－由布院間、南由布《みなみゆふ》

－庄内《しょうない》間が不通になった。

　この夏の水害による鉄道の被害額は一〇八億円に達したが、国と地方自治体による各二五％ずつの補助金を受けて復旧が進み、翌年五月の豊肥本線緒方－豊後清川《きよかわ》間の緒方川《おがたがわ》橋梁の復旧を最後に完了した。

ハウステンボス駅の開業と直通特急の運行開始

　一九九二年三月二五日にハウステンボスが開園したのに合わせて大村線にハウステンボス駅を開業し、早岐から新駅まで交流電化して電車特急「ハウステンボス」の運転を開始した。当初は専用塗色の485系電車三両編成が使用され、博多－早岐間で特急「みどり」と併結運転を行った。

「オランダ村特急」は廃止され、キハ183系1000番台はいったん運用を休止する。

ハイグレード特急「つばめ」の誕生（一九九二年七月一五日ダイヤ改正）

　列車の増発は一定の効果が出てきたことから、これからは質の向上を図るとして、「九州鉄道ルネッサンス」をキャッチフレーズに二〇〇億円を投じてサービス改善を推進することになる。

一九九二年七月一五日のダイヤ改正の目玉は「動くホテル」をコンセプトに開発された787系新型特急形電車である。JR九州の車両課と車両メーカー、デザイナーの水戸岡鋭治氏や、旅客視線での意見を反映させるために営業本部の職員も加わって、開発プロジェクトが進められた。

787系は変身ロボットのような先頭部の形状、グレーの濃淡といった奇抜でもある塗色で、従来の鉄道車両とはまったく異なる様相であった。

787系は五二両が新造されて鹿児島本線の博多－西鹿児島間の特急「有明」に投入されたが、その後、博多－西鹿児島間の列車に新しく「つばめ」の列車名がつけられた。「つばめ」はかつての国鉄の花形列車の名称であるため、命名にあたってJR各社から了解を得た。

戦前の特急「つばめ」は東京－下関間を走った大陸への旅行客が利用した列車である。昭和三〇年代には「つばめ」は東京－大阪間の特急として運転されていたが、客車時代は最後尾に展望車を連結。電車化後は豪華なパーラーカーを連結していた。

車内もかつての東京と大阪を結んだ特急「つばめ」の展望パーラーカーを髣髴《ほうふつ》させる個

室や四人がけボックスシートが設けられた。豪華列車には食堂車がつきものであるが、当時は全国的に食堂車が縮小する時代であったため、ビュッフェにとどまった。

「つばめ」は全部で一四往復が運転されたが、そのうち七往復が787系で、残りの七往復が783系電車となった。すべてJR発足後の車両に置き換わったことにより、乗客数が前年より二割増加したという。

現在は幅広い路線で運行される787系電車（右）と「ソニック」883系電車

同時にパターンダイヤ化を推進し、発着時刻を毎時同時刻にそろえたわかりやすいものとした。
一九九二年七月の特急「つばめ」の登場に合わせて新たに「つばめレディ」を乗務させた。グリーン車の旅客サービスにとどまらず、ワゴンサービスなどの車販、観光案内や車内改札、折り返しのときの車内整備まで担当した。JR九州が募集したところ、二〇倍の応募があり、最終的に六七人が採用された。
九州を横断する久大本線（ゆふ高原線）、豊肥本線（あそ高原線）にも特急「ゆふ」「あそ」を新設するが、こちらにはＪＲ四国から購入したキハ１８５系二〇両を投入した。豊肥本線、久大本線ともに山岳区間があるため、中間車のキロハ１８６形をキハ１８６形に改造するのに加えてエンジンを一基追加した。ステンレス車であるが、赤を基調とした塗装に変えられた。

久大本線にはこのほかに電車化で余剰となった「オランダ村特急」キハ１８３系１０００番台を転用（「ゆふいんの森Ⅱ世」）してリゾート特急「ゆふいんの森」を増発した。

福北都市圏では一九九一年度分として一九九二年三月に８１１系電車四両編成一本が落成。続いて一九九二年度上期にはドア脇の座席を固定席に変更して定員を増加させた１００番台四両編成九本が新造され、四月から七月にかけて運行を開始した。これにより、この地区の快速六九本のうち六七本が８１１系に置き換わった。なお、このうちの二編成にはトイレつきのサハ８１１形２００番台が連結され、長距離での臨時、団体列車への使用に備えた。

気動車についても、一九九二年七月一五日に指宿枕崎線にキハ２００系二両編成四本を投入して快速「なのはな」の運行を開始した。指宿枕崎線は薩摩半島を南北に走る路線で、沿線には指宿温泉や開聞岳《かいもんだけ》など観光資源が豊富である。従来の快速「いぶすき」を新型車に置き換えたかたちであるが、高性能車によって格段にスピードアップが図られ、転換式クロスシートによって観光客にも快適性が向上した。

一九九三年には閑散線区向けの新型気動車キハ125形を導入した。新潟鐵工所《てつこうじょ》の標準仕様の軽快気動車で、全長一八mの小型車である。まず一九九二年度後期分として一一両を新造して唐津線鉄道部唐津運輸センターに六両、大分運輸所に五両を配置した。続いて一九九三年度分として一四両を増備して全車を大分運輸所に配置し、久大本線と豊肥本線に投入した。田園地帯の緑色のなかで映える黄色一色に塗られている。

都市間特急の等間隔化で利便性向上（一九九三年三月一八日全国ダイヤ改正）

一九九三年三月一八日のダイヤ改正では主要都市間特急のネットダイヤ化を推進し、三〇分または一時間間隔の特急ネットワークを実現するほか、新幹線「のぞみ」の博多乗り入れに合わせて小倉、博多両駅での特急の接続改善を図った。さらに七月には宮崎「フェニックス・シーガイア・リゾート」の一部開業に先立って大分－南宮崎《みなみみやざき》間特急を一時間間隔化。博多－南宮崎間に787系特急形電車を新規投入して「にちりんシーガイア」二往復を新設した。

なお、このとき、宮崎駅の高架の使用を開始した。一九八八年一〇月に工事に着手し、工事に先立ち、車両基地を南宮崎に移転した。また、貨物扱いは宮崎神宮《みやざきじんぐう》に移設した。

当時、九州では寝台車を連結した夜行急行が走っていたが、このダイヤ改正で電車特急（座席車のみ）に格上げされた。鹿児島本線経由門司港－西鹿児島間の急行「かいもん」は博多－西鹿児島間の783系特急「ドリームつばめ」に、日豊本線経由博多－西鹿児島間の急行「日南」は787系特急「ドリームにちりん」博多－南宮崎間に変わった。

また、都市圏輸送についても、博多駅などを中心に増発を含めたネットダイヤ化を推進したほか、老朽車両の取り換えを進めるために811系電車100番台四両編成二本を増備した。

福岡都市圏では三月三日に市営地下鉄が福岡空港まで延伸し、直通している筑肥線の電車も空港まで乗り入れた。福岡空港は、九州のゲートウェイの地位を確立していたが、都心とのアクセス交通はバスが中心であり、必ずしも便利な空港とは言い切れなかった。

「かもめレディ」の乗務と日豊本線のスピードアップ（一九九四年三月一日ダイヤ改正）

長崎本線の特急「かもめ」二二往復のうち五往復に787系電車を投入するとともに、客室乗務員「かもめレディ」の乗務を開始した。

日豊本線についていては延岡–宮崎間の高速化を完成。この区間で平均七七分かかっていたのが六六分に短縮された。最速列車は六〇分でこの区間を結んだ。

ローカル列車についても、大分電車区の老朽化した421系電車を取り換えるため、新たに813系電車の投入を開始した。ステンレス車で転換式クロスシートを装備する点では811系電車と同じであるが、将来の短編成化を見越して二両編成で製造された。一九九三年度には九本が新造されて全車が南福岡電車区に配置された。

このダイヤ改正から大村線快速「シーサイドライナー」にキハ200系が一部使用を開始した。「シーサイドライナー」は長崎と佐世保を結ぶ長崎県内を走る都市間列車で、当時は急行形のキハ58系とキハ65形の二両編成が使用されていた。

また、特急「ハウステンボス」が、併結運転する「みどり」と同じ赤一色であったため、誤乗を招きやすいとして、色とりどりのパッチワークのデザインに変更となった。

旭化成のバックアップを受けた延岡–宮崎間高速化

旭化成は宮崎県北の延岡に大規模な工場施設を持つ県内の主要企業であるが、本社がある東京との往復のために宮崎空港とのあいだを自社でヘリコプターを飛ばしていた。一九九〇年九月にこのヘリコプターが折からの悪天候で墜落。社員が死亡したことで、翌年五月に旭化成は日豊本線延岡－宮崎間の高速化への支援を表明した。

空港連絡線の計画もこれと同時進行するかたちで進み始めることになる。一九九一年三月に県の予算に空港連絡鉄道推進準備費を計上するとともに国とバス・タクシー協会などで構成する「宮崎空港アクセス改善対策協議会」を設置した。

当時は地方財政法や国会での付帯決議によって地方自治体によるJRへの助成は自治大臣の承認が必要であった。宮崎県は自治省に対して日豊本線の高速化が地域の振興や活性化に不可欠であることを主張して助成の承認を要望した。当初、工事費は七億円程度と見込んでいたが、のちに二四億円にまで膨らんでいたため、早期実現には自治体による助成が必須であった。そして一九九一年一一月にこれが認められ、事業費の二分の一の範囲内で自治体が負担することが可能となった。

鉄道のインフラ整備に対する自治体単独による助成の最初の例で、いわゆる「宮崎方式」と呼ばれた。その後、一九九七年九月には自治省（現・総務省）でも地域鉄道高規格化等推進事業を創設し、自治体が助成した経費の最大三〇％を特別交付税で措置されることになる。

この日豊本線の高速化は一九九二年一月に工事着手となり、一方で空港連絡鉄道は第三セクターではなくＪＲ九州が直営で実施することを決定する。

日豊本線の高速化工事は延岡－宮崎間を六〇分に短縮するため、第一期工事として一九九二年度までに重軌条化（四〇kg/m→五〇kg/m）、曲線部の緩和、ロングレール化、ＰＣ（プレストレスト・コンクリート）枕木化、信号設備の改良を実施。さらに第二期工事として、一九九三年度に土々呂《ととろ》ほか八駅を一線スルー化した。

年度	事業費	負担区分		
		宮崎県	旭化成	JR九州
1991	468	0	290	939
1992	1,100	558		
1993	890	671	0	
計	2,458	1,229	290	939
比率		50.0	11.8	38.2

図表13　延岡－宮崎間高速化工事の費用負担（百万円、%）
出典：宮崎県資料

一九九二年七月に第一期工事が完成したことで、駅間の最高時速を一一〇kmに向上。一九九四年三月には駅部でも時速一一〇kmを実現して延岡－宮崎間を従来の最短七三分から六〇分に短縮した。併せて特急「にちりん」をすべて南宮崎どまりにして大幅に増発するとともに、宮崎－西鹿児島間に特急「きりしま」を新設するという系統分割を行った。

最終的に工事費は二四億六〇〇〇万円で、そのうち一二億三〇〇〇万円を宮崎県、二億九〇〇〇万円を旭化成が負担した。

高速化の波に飲まれたジョイフルトレイン（一九九四年七月一日ダイヤ改正）

特急「有明」の783系電車が同じ区間を走る特急「つばめ」との格差が大きいため、一九九四年から「有明」用の五両編成七本のリニューアル工事を実施し、このダイヤ改正から運行を始めた。特急「つばめ」は787系電車二一両を増備して787系使用の列車を五往復増の一一往復とする。また、豊肥本線水前寺への直通運転を終了した。

一般車のジョイフルデザインが進むなかで、六月をもってすべてのジョイフルトレインの運行を終了した。幹線の高速化にともない、最高速度の低い機関車牽引の「サザンクロス」やキハ58系気動車を改造した車両ではダイヤに収まらなくなっていた。

再編が進むブルートレイン（一九九四年一二月三日全国ダイヤ改正）

東京発着のブルートレインの見直しがあり、九州内では東京－長崎・佐世保間「さくら」と東京－熊本・長崎間「みずほ」の二本を統合して東京－長崎・佐世保間「さくら」一本の運転となった。また、東京－博多間「あさかぜ」を下関までに運転区間を短縮し、多客期間のみ臨時「あさかぜ81、82号」が博多まで運行することになる。一九九三年三月より山陽新幹線で「のぞみ」の運転を開始したことにより、とくに東海道《とうかいどう》区間での寝台特急の旅客の減少が大きかった。

振り子式特急「ソニック」の誕生(一九九五年四月二〇日ダイヤ改正)

ＪＲ九州は日豊本線小倉－大分間の高速化の工事を進めていたが、これが完成したのにともなって一九九五年四月二〇日にダイヤを改正した。新たに８８３系新型特急形電車を投入し、小倉－大分間の所要時間を二一分短縮して二時間九分とした。

８８３系は「ソニック」の愛称がつけられ、最高時速一三〇㎞対応であるのに加えて制御つき振り子式で曲線部の通過速度の向上が図られた。ステンレス車体に鋼製のお面をつけたデザインで、お面の部分はメタリックブルーに塗装されている。

一九九四年度に七両編成三本を大分電車区に投入。博多－大分間「にちりん」四往復が「ソニックにちりん」に置き換えられた。なお、７８３系電車を使用した列車を「ハイパーにちりん」と称していたが、このダイヤ改正で元の「にちりん」に名称を戻した。

併せて特急「にちりん」の運転系統を宮崎で分割し、小倉－南宮崎間を「にちりん」、宮崎－西鹿児島間を「きりしま」とした。「きりしま」は従来の四往復から六往復に増強された。

そのほか、博多－小倉間と博多－肥前山口間に全車自由席の「通勤特急」を新設するとともに、博多発で長崎・佐世保を朝九時までに到着する「ビジネス特急」を新設した。鹿児島本線では特急「有明」の一部に787系電車が充当され、「ドリームつばめ」が783系電車から787系に変更された。

通勤形電車については813系100番台三両編成七本を新造、ドア脇の座席が固定化されたことで定員が増加した。これによって国鉄から引き継いだ電車のなかでも最も古い421系電車がJR九州から消えた。

全国的にローカル線から機関車が牽引する客車の運行が縮小していったが、JR九州では比較的遅くまでオハ50系客車が残っていた。一九九五年四月のダイヤ改正で日豊本線での運用が終了し、久大本線、鹿児島本線北九州地区、筑豊本線だけとなった。

無利子資金で実現した日豊本線小倉－大分間高速化

国鉄の日豊本線は小倉－大分間が甲線で最高時速九五㎞のほかは地方ローカル線なみの時速八五㎞どまりであった。そのため、特急「にちりん」で小倉－宮崎間が五時間三二分を要し、そのうち大分－宮崎間が三時間二五分であった。

国鉄時代の一九八五年三月に小倉－大分間の時速一二〇km化を実施して、この区間の所要時分を二七分短縮の一時間四〇分運転とした。一九八九年三月にはさらに一時間三三分までスピードアップを実現した。

その後、鉄道整備基金からの無利子貸付の制度を利用して最高時速を一三〇kmまで引き上げる工事を実施した。総工事費は二四・八億円で、その半分について国の鉄道整備基金からの無利子借り入れ。残りの半分、つまり事業費の四分の一は大分県、福岡県、沿線各市から無利子で融資された。

一九九五年四月のダイヤ改正で時速一三〇km運転を開始して小倉－大分間を六五分に短縮したが、この運転時分で運行したのは新しく大分運転所に投入された883系新型振り子式特急形電車を使った「ソニックにちりん」だけであった。その後、新型車両の増備などで最速列車は増加したが、その一方で従来の485系電車による「にちりん」は逆に小倉－大分間の所要時分が一時間三一分までダウンした。しかも宮崎まで直通する列車には883系は使われないため、長距離列車のほうが平均速度が低いという皮肉なことになってしまった。

大分道開通で変革を迫られる日豊本線（一九九六年三月一六日ダイヤ改正）

長崎本線の特急「かもめ」に「有明」用にリニューアルした783系電車を転用して787系電車を捻出し、鹿児島本線の特急「つばめ」が全列車787系に統一された。また、長崎本線の特急「かもめ」の長崎駅発時刻をわかりやすく毎時00分に統一した。

一九九六年三月に大分自動車道玖珠インターチェンジ－湯布院インターチェンジ間が開通して鳥栖から大分までつながった。さらに同年一一月に大分インターチェンジ－大分米《め》良《ら》インターチェンジ間を延伸して全線が完成した。博多から大分への道路が格段に便利になったことで、高速バスなど自動車交通への需要のシフトが予想された。そこで所要時間の短縮を目指し、日豊本線の883系電車七両編成二本を新造して「にちりん」二往復の車両を変更し、平均一一分のスピードアップを実施した。これで「ソニックにちりん」は従来の四往復から六往復に増強されたことになる。

福北都市圏では引き続き813系電車100番台三両編成六本と二両編成三本を投入し、これによって老朽化した423系電車の廃車が始まる。

また、非電化区間では筑豊本線若松《わかまつ》－直方間と豊肥本線大分－豊後竹田間でワンマン運転を開始した。ローカル線の省力化がさらに進むことになる。

肥薩線では新たな取り組みとしてキハ40形とキハ47形を観光列車に改造した。肥薩線人吉－吉松間の普通列車一往復に投入し、「いさぶろう」(下り)、「しんぺい」(上り)の名称がつけられた。閑散線区の活性化のモデルケースとして期待された。

ハウステンボス進出でテコ入れを図る船舶事業

国内航路の不振によって一九九二年八月には船舶の運用効率を改善するため、「ビートル2世」を早朝から博多－ハウステンボス間を一往復したのち、午後に釜山までの航路を運航して便数を増やした。しかし、これでも旅客数は増加しなかったため、一九九四年三月に国内航路を休止した。機材の「ビートル」は八月に神戸の海上アクセス株式会社に貸し出された。

国際航路のほうは一九九二年に旅行会社が高速船利用の超格安ツアーを発売したのが当たって日本人を中心に旅客が大きく増加した。一九九五年四月から博多－釜山航路は一・五往復ダイヤに強化された。

高速バスもローカル路線バスも振るわず

一般路線バスについては依然として輸送量の減少が続いていた。今後も回復が見込めない路線については廃止することにして、一九九四年度には佐賀関《さがのせき》線、日肥線の計七路線を廃止した。

ＪＲ発足後は積極的に高速路線の開拓に努めたが、一九九一年七月に嬉野・唐津線「うれしのライナー」の嬉野－唐津間を休止、一九九六年七月には廃止された。続いて一九九二年一〇月に昭和自動車、西鉄、南海電鉄、西日本ＪＲバスと共同運行していた前原・博多－なんば・堺線「サザンクロス」を休止し、一九九四年一月に廃止。一九九三年四月には福岡・名古屋線「レインボー」を休止した。

国鉄時代から運行が続いていた直方－博多線「直方高速」も一九九三年六月に共同運行していた西鉄が撤退してＪＲ九州の単独路線として運行したが、最終的に一九九六年三月に廃止となった。

一般路線も廃止が続いた。一九九二年一一月に嬉野線彼杵－彼杵港間を休止、一九九四年一月に国分線垂水中央《たるみずちゅうおう》－鹿屋間、四月に佐賀関線延命寺《えんめいじ》－中判田間、五月に都城線高《たか》岡口《おかぐち》－末吉間、本町《ほんまち》－福祉センター間、一〇月に日肥線越野尾《こしのお》－仲入《なかいれ》間、村所橋《むらしょばし》－大藪橋間、一ノ瀬《いちのせ》－尾吐《おと》間、一九九五年四月に加治木線帖佐十文字《じゅうもじ》－加治木間、蒲生町－日《ひ》ノ丸《まる》間、塞瀬戸《さやんせと》－酒屋段《さかやだん》間、山《やま》ノ口《くち》－北薩長野《ほくさつながの》間を廃止した。

また、一九九五年一月一七日阪神・淡路大震災では鉄道代行輸送のためにＪＲ九州の貸切バス（レッドライナー）が派遣された。まず第一陣として車両八台と乗務員二〇名が派遣され、規模は第二、三陣と合わせて延べ六一名となった。鉄道が復旧するまで、ＪＲ他社や民間バスとともに七四日間にわたって代行バスを運行した。

ヒット商品となった温泉関連グッズ

一九九六年二月に「駅長おすすめの〝ゆ〟」の販売を開始したが、これがＪＲ九州のヒット商品となった。九州には雲仙温泉や別府温泉といった歴史ある温泉のほか、特徴のある温泉地がほぼ全域に散らばっている。これを誘客の資源と位置づけ、駅長が選んだおすすめの温泉というかたちで紹介したものである。

地域の拠点に進化した博多駅、熊本駅、大分駅の駅ビル

一九九二年三月に博多駅がリニューアル開業したが、もともと駅の機能に特化した国鉄

時代の典型的な駅ビルであった。リニューアル後は博多駅のコンコースを「ビッグ・フォレスト～人が集まる森」と名づけるほか、メディアステーション多目的スペース「GIGAギガ」を設けてイベントスペースとした。また、直営の大型レストラン「パパトーマス」を開店して和食、中華、洋食、エスニックを供する。リニューアルされた博多駅は福岡市都市景観賞を受賞した。

一九九一年四月には熊本駅がリニューアル開業した。ファサード（建物の外観）を整備して明るい雰囲気の駅に変わったが、内部は九州新幹線の駅部工事や高架化などの工事が続いていて雑然としている印象があった。駅構内では商業施設を「Friendly Station」をもじってFRESTA・フレスタと命名され、これがその後のＪＲの駅ビルブランドとなった。物販、飲食店四二店舗が出店した。

一九九五年一一月には大分駅にショッピング・ゾーン「フレスタ大分」が開業し、直営雑貨店「メリーメイズ」を出店した。また、駅構内にスーパーマーケット「驛市場《えきいちば》」をオープンした。いずれも駅舎を建て替える前のことで、本格的な改築ではなく、リニューアルである。

そのほかに一九九二年一〇月一日に開業した「宮崎フレスタ」と、小規模な駅ビルとして、一九九三年に開業した「ミュー唐津」がある。

新駅開業による沿線開発に着手

一九九五年一〇月に筑肥線に美咲《みさき》が丘《おか》駅が新設された。

この周辺では地元で組合方式の土地区画整理事業が立ち上げられ、一九八八年から用地買収が始まっていた。そこにJR九州に対して土地区画整理事業への参画の要請があり、それに応じてこの住宅地の造成を分担することになる。筑肥線の筑前前原と加布里《かふり》の中間点に位置し、開発面積三一・三ha、区画数七六〇で、そのうちJR九州が三八一区画を開発した。計画人口は二五〇〇人で、一九九五年一〇月に新駅の開業に合わせて街開きが行われた。

「ハウステンボスジェイアール全日空ホテル」の開業

長崎オランダ村が新たにハウステンボスの計画を持ち、駅ビルやステーションホテルを経営するJR九州にホテル経営の打診があった。これに兼業部門の拡大を目指していたJR九州は応じ、一九九〇年八月三〇日にジェイアール九州ハウステンボスホテル株式会社を設立した。そして第一生命がハウステンボスから土地を取得してホテルの建物を建設し、ジェイアール九州ハウステンボスは同社から建物を賃貸したうえで、その経営を全日《ぜんにっ》空《くう》エンタープライズに委託する。こうして一九九五年六月一日に「ハウステンボスジェイアール全日空ホテル」を開業した。

分社化しても苦戦が続くコンビニエンスストア事業

一九九六年二月一日ジェイアール九州リーテイル（現・JR九州リテール）が設立され、JR九州が直営していた駅構内のコンビニエンスストア「生活列車」の経営を引き継いだ。一九九七年一〇月には初の街ナカ店として福岡市荒江《あらえ》に出店したが、知名度の低さから経営は厳しかった。また、直営の飲食店はジェイアール九州フードサービスに引き継がれた。

堅いイメージが強い鉄道会社によるサービス業とあって、このころはまだ武士の商法の域を脱していなかった。

第六章

激化する高速バスとの競合——一九九六〜二〇〇〇年

中期経営計画「新アクション21」

一九九五年に九州縦貫自動車道人吉－えびの間が開通。その後も一九九六年三月に九州横断道の玖珠－湯布院間が開通。一九九九年春には九州自動車道と福岡都市高速道との直結などによる高速バスのネットワークの拡充と、自家用車への需要のシフトによって、JR九州の経営環境は厳しさを増していった。

一九九七年の消費税率の引き上げに続く消費不況のもとで観光需要の喚起策を打ち出していたJR九州には逆風になった。一九九九年度において、輸送人キロで定期外旅客は前年比九六・八%、定期旅客も同九八・七%と減少した。これにともなって、運輸収入も定期外旅客については前年比九七・〇%、定期旅客は同九八・八%とほぼ同じ減少率となっており、これは定期、定期外、特急、近郊電車のすべての分野で等しく旅客が減少したことを意味していた。

JR九州は一九九六年四月に「新アクション計画」を発表した。二一世紀の活力あふれる総合サービス企業を目標に掲げ、鉄道事業ばかりでなく、サービス業への事業展開を謳《うた》っていた。安定的な利益を出せる事業体質や経営体質づくりを実現することで配当を実現し、株式の公開と上場を目指した経営基盤をつくるという。

数値目標として、計画最終年度にあたる二〇〇〇年度の経常利益六〇億円、社員数一万一五〇〇人、五年間の投資総額一五〇〇億円を掲げた。

組織改革で業務をさらに効率化

この中期計画は二〇〇一年の株式上場による完全民営化を目標に据えた。そのために各事業がそれぞれ収益確保に努め、さらなる業務の効率化と徹底した経費の削減を目指すという内容であった。

一九九八年三月に業務の効率化のために国鉄の九州総局があった門司と、いまや九州の経済的中心地となった福岡に本社機能が分離していたのを福岡に統合した。また、指令機能は国鉄時代の鉄道管理局を引き継いだ支社単位で行われていたが、その集約化が推進された。まず第一期として吉塚に博多総合指令センターを完成して列車の運行管理業務を担当する「列車運行管理系」、保守作業の統制や沿線の監視をする「設備管理系」の二つのシステムに整理し、一九九七年一二月一八日に鹿児島本線羽犬塚－袋《ふくろ》間、二〇〇一年二月鹿児島本線門司港－荒木《あらき》間、筑豊本線、篠栗線（門司港指令管轄）を統合した。

さらに、JR九州が直営していた兼業部門を相次いで分社化した。これによって各事業が自主的に意思決定できることになり、事業展開を加速化することになる。

グリーン料金引き下げという英断

特急料金とグリーン料金は国鉄末期に相次いで値上げされ、需要が旺盛な路線では市場価格を反映しているものの、三島会社を中心に割高感が大きかった。

ＪＲ九州は一九九七年一一月に全国一律であったグリーン料金を引き下げ、たとえば一〇一～二〇〇㎞で二六二〇円を一五〇〇円とした。これによって一一月一カ月のグリーン車の利用率は「つばめ」が前年の四〇％から五〇％に、「にちりん」も三五％から四〇％に上昇した。また、指定席特急料金の「繁忙期」料金を廃止して実質的に値下げしたほか、「閑散期」料金が適用される日数を増やした。

宮崎空港線の開業

一九六四年ごろ、宮崎空港には鹿児島空港発羽田空港行きのプロペラ機が途中で宮崎空港に立ち寄っていて、一日一往復だけ運航していた。宮崎と大阪のあいだの便も多い日で一日三便であった。潜在的需要は大きいものの、まだ航空機は一部の特別な人たちの交通機関であった。しかし、宮崎旅行を夢見る人たちは多いし、急速に国民の生活水準が上昇していたため、航空機の輸送力増強への努力は続けられていた。そして一九六六年には全国の地方空港のなかで真っ先に滑走路を延長してジェット化を果たした。全日空が羽田空港とのあいだにボーイング727を就航させ、所要時間が大幅に縮小した。便数も次第に増強され、宮崎空港を利用する航空旅客は急速に増加していくことになる。国内線の年間航空旅客数は一九七〇年に八二万人であったのが、一九七五年には一三二万人にまで増加した。空港と宮崎市のあいだには宮崎空港の路線バスが頻繁に運行されて空港利用者の便を図ったが、そのほかの県内各地に向けても路線バスが運行された。

宮崎から東京、大阪に就航していたのは長く全日空一社であり、地元の宮崎交通は全日空に出資して地元財界と強くつながっていた。その後、国の航空政策が変わり、地方路線についても複数社の競合が認められるようになると、たとえば東京線では一九八九年七月に日本エアシステムが参入してダブルトラッキング（二社運航）に、一九九四年九月には日本《にほん》航空が参入してトリプルトラッキング（三社運航）となった。

宮崎空港の空港利用者の増加が進むなかで、JR日南線の線路が近いという有利な地理的条件を生かして空港連絡鉄道を乗り入れる要望が強まっていった。

一九九二年三月に九州地方交通審議会宮崎部会で空港連絡鉄道の整備について合意。これを受けて同年八月に運輸省は空港敷地内の高架橋工事を空港整備事業として実施する方針をまとめ、一九九三年度の概算要求に調査設計費として一億円を盛り込んだ。

空港連絡鉄道は、日南線を田吉《たよし》近くで分岐して空港ターミナルまで約一㎞の新線を整備するというもの。併せて日南線の南宮崎－分岐点間を単線のまま交流電化することを計画した。

一九九三年四月に運輸省とＪＲ九州は工事を開始。九月にＪＲ九州は鉄道事業免許を取得した。

一九九六年七月一八日に宮崎空港線が開業して日南線に田吉駅が新設された。南宮崎折り返しの特急「にちりん」「にちりんシーガイア」が空港まで延伸されたほか、宮崎駅とのあいだにシャトル便が設定された。全線交流電化路線で、シャトル便使用に長崎本線と佐世保線で使用していた７１３系電車二両編成四本が転用された。事業費は当初は三六億円とされたが、最終的に約三八億二〇〇〇万円となり、そのうち空港整備事業（図表16とは別枠）として国が負担したのが一五億円である。残りをＪＲ九州と宮崎県が一一億六〇〇〇万円ずつ負担した。なお、空港整備事業として整備されたのは高架橋だけで、軌道、電

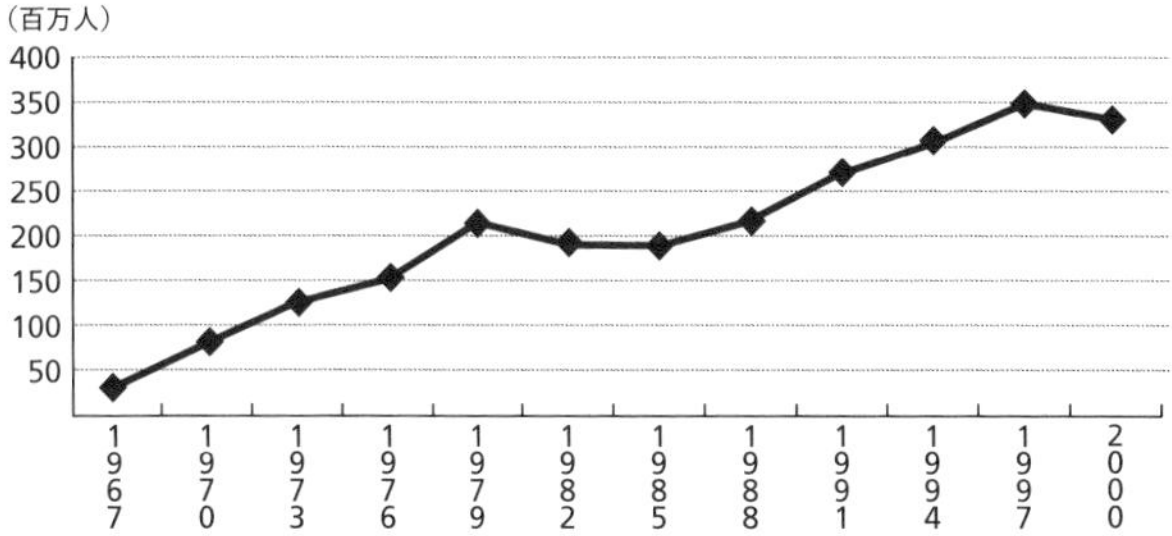

図表14 宮崎空港の国内線年間旅客数
出典:宮崎県資料

年度	事業費	負担区分		
		宮崎県	JR九州	運輸省
1993	約3,822	228	228	約1,500
1994		262	262	
1995		521	521	
1996		150	150	
計	約3,822	1,161	1,161	約1,500
比率		30.4	30.4	39.2

図表15 宮崎空港線建設工事の費用負担(百万円、%)
出典:宮崎県資料

		想定	開業時実績(1996.7)		1997年度実績		
				想定時との差		想定時との差	開業時との差
県北	延岡方面	30.3	33.3	3.3	35.3	5.0	2.0
	日向方面	14.4	13.4	-1.0	17.6	3.2	4.2
県央	高鍋方面	12.9	12.0	-0.9	8.1	-4.8	-3.9
	宮崎方面	29.3	35.3	6.0	33.5	4.2	-1.8
県西	都城方面	3.6	1.1	-2.5	0.7	-2.9	-0.4
県南	日南方面	9.5	2.7	-6.8	2.7	-6.8	0.0
その他		-	2.2	2.2	2.1	2.1	-0.1

図表16 宮崎空港線利用者の方面別シェア(%)
注:1 JR九州宮崎総合鉄道事業部による調査結果に基づくものである。
2「その他」のうちでは、大分県南の比率が高い(佐伯0.7%)。
出典:宮崎県資料

気線、駅舎などは含まれない。また、開業後はJR九州が有償で貸与されることになり、JR九州はこの区間に一二〇円の加算運賃を設定した。

開業後は空港連絡線の利用者の半数は延岡や日向などの県北からの利用者であり、日豊本線の高速化によって鉄道による利便性が向上した地域に集中している。それに対して都城や日南などの県西部や県南部からの利用は少なく、直通列車がないことから、乗り換えの必要がない路線バスや自家用車の利用が大きい。

新車の投入が相次ぐローカル線（一九九七年三月二二日ダイヤ改正）

日豊本線の特急「にちりん」のうち、博多・小倉－大分間の列車をすべて「ソニック」に改称したうえで毎時一本、一日一五往復に増強された。このために一九九六年度883系特急形電車五両編成三本を増備している。

また、豊肥本線熊本地区にキハ200系気動車が投入された。一九九六年度分としてキハ200形100番台二両編成五本と両運転台のキハ220形1100番台二両である。転換式クロスシートで、整理券発行機、運賃箱設置のワンマン対応車である。

三月二二日に日田彦山線の香春－田川伊田間に新駅の一本松《いっぽんまつ》駅を新設した。近隣に病院と介護老人施設がある単線の無人駅である。一本松−田川伊田間で平成筑豊鉄道田川線が分岐し、その位置に上伊田《かみいた》駅があるが、脇を走る日田彦山線にはホームはない。

一九九七年の夏までに福北都市圏の鹿児島本線に813系電車200番台三両編成二二本を投入して415系電車と置き換え、415系は日豊本線に転用された。

また、香椎線にキハ200形500番台二両編成三本と両運転台のキハ220形1500番台四両を投入した。ワンマン対応で、路線キロが短い路線であることと、通勤・通学の混雑に対応するためにロングシート、トイレなしである。

「毎時00分発」で利便性をアピール（一九九七年一一月二九日ダイヤ改正）

一九九七年一一月改正では、わかりやすいダイヤを引き続き推進した。上り「有明」の熊本発、上り「ソニック」の大分発、下り「にちりん」の大分発を毎時00分発に統一した。

日豊本線経由で東京−西鹿児島間を運転していた寝台特急「はやぶさ」の運転区間が熊本までに短縮。同じく東京−西鹿児島間を日豊本線経由で運行していた寝台特急「富士」を大分発着に変更した。なお、「富士」は日本最長の旅客列車であった。

また、指宿枕崎線でワンマン運転を開始した。

旧型電車の置き換えも進み、一九九八年三月に813系電車200番台三両編成六本、九月に同じく三両編成八本が新造され、長崎本線と佐世保線で運用していた寝台特急用電車を改造した715系電車を取り換えた。一九九六年度と一九九七年度で全四八両が置き換えられ、一九九八年三月二六日が715系の最終運用となった。

幹線特急をさらに大増発（一九九九年三月一三日ダイヤ改正）

高頻度運転する高速バスとの競争が激しい鹿児島本線博多 - 熊本間で特急「有明」の大幅な増発が行われ、特急「つばめ」と合わせて、ほぼ二〇分間隔となった。

「有明」増発のために先頭車クハ787形だけ一二両を新造して四両編成六本を組成。「有明」下り二五本、上り二七本のうち下り一〇本、上り一二本が787系電車、残りは783系電車での運転となる。

日豊本線では特急「ソニック」のスピードアップを図り、博多 - 大分間が一時間五九分となった。

同時に「つばめ」を九両編成から七両編成に、「にちりんシーガイア」「ドリームにちりん」を七両編成から六両編成に減車して一六両を捻出して予備車とした。これは二〇〇〇年三月の「有明」「つばめ」の787系への統一のために使われることになる。

観光列車では特急「ゆふいんの森」に従来のキハ71系と同じスタイルのキハ72系四両編成を新造して投入した。今回の車両の内装には水戸岡鋭治氏がかかわった。濃緑の丸みのある特徴的な車体が「ゆふいんの森」を象徴することになる。代わりにキハ183系1000番台を長崎地区に転用し、大村線の快速「シーサイドライナー」二往復を格上げして特急「シーボルト」を新設した。ただし、これは短命で、二〇〇三年には廃止され、車両は「あそぼーい!」に転用された。電車と協調運転できる性能を生かし切れずに、各地を転々とさまようことになった悲運の車両である。

閑散線区の合理化として、後藤寺線全線と日田彦山線田川後藤寺―夜明間をワンマン化した。

週休二日の普及にともなって土曜日を休日ダイヤに変更した。

熊本市中心部への直通運転の強化(一九九九年一〇月一日ダイヤ改正)

豊肥本線熊本―肥後大津間の電化が完成。特急「有明」の豊肥本線への直通が再開され、水前寺、肥後大津発着が設けられた。沿線は、人口七〇万人を超える熊本市の近郊地域と

豊肥本線の電化開業のために製造された815系電車

して開発が続き、熊本空港にも近い。
　一九九七年度から豊肥本線熊本－肥後大津間の電化、高速化のプロジェクトに着手した。幹線鉄道活性化事業として、鉄道整備基金によって事業費の三〇％を補助し、自治体も同等の金額を建設主体として設立される第三セクターへの出資金として支出するというもの。総工費四七億円で、工事は第三セクター「豊肥本線高速鉄道保有会社」が担当した。熊本国体の開催直前の一九九九年一〇月一日に開業した。
　豊肥本線の電化によって熊本－肥後大津間の列車がすべて電車に置き換えられ、さらに大分方面の列車とは乗り換えとなった。新型電車８１５系二両編成二六本が新造され、一七本が熊本運転所に配置され、豊肥本線のほか、鹿児島本線の熊本地区の列車として運用された。そのうち四本は第三セクター「豊肥本線高速鉄道保有株式会社」が保有してＪＲ九州にリースされた。８１５系の残り二両編成九本は大分鉄道事業部大分運輸センターに配置されて日豊本線の大分地区で使用された。

８１３系電車は日立《ひたち》製作所のA-Train仕様を採用し、三扉ロングシート、アルミ製である。最高速度は一二〇㎞。整理券、車内運賃箱方式のワンマン対応設備を備えていた。８１３系の投入によって鹿児島本線（銀水《ぎんすい》－八代間）、日豊本線（柳ヶ浦－佐伯間）のワンマン運行を開始した。これで旧型車の４２３系近郊形電車、４５７、４７５系急行形電車を置き換えた。

豊肥本線の電化で捻出された気動車を使って一九九九年一二月四日に久大本線の客車列車が気動車に置き換えられた。

「白いかもめ」の誕生（二〇〇〇年三月一一日ダイヤ改正）

長崎本線の特急「かもめ」に新型電車８８５系を投入した。８８５系の基本構造は日立製作所のアルミ製、ダブルスキン構造のA-Trainで、全体が白く塗装されたため、「白いかもめ」と呼ばれることになる。振り子式で、最高時速は一三〇㎞。ドイツ鉄道のＩＣＥ３形に酷似した丸みのある先頭形状をしている。

特急「かもめ」の時刻を繰り上げて７８３系電車と８８５系を合わせて二〇～六〇分間

長崎本線の看板列車として人気の「白いかもめ」885系電車

隔となった。そのうち、一六往復が885系「白いかもめ」である。この885系の投入で浮いた783系を四両編成に組み直して、佐世保線の特急「みどり」と「ハウステンボス」に転用した。そのため、中間車のサハ783形五両に運転台を設置する工事を実施して「みどり」の下り先頭となるクロハ782形100番台三両と、特急「ハウステンボス」の上り方先頭となるクハ783形100番台二両を生み出した。

このダイヤ改正で、485系電車の「赤いかもめ」「赤いみどり」「ハウステンボス」は運転を終了した。

また、鹿児島本線では前回のダイヤ改正で生み出された787系一六両と下り方先頭車五両を新造して特急「つばめ」「有明」を787系に統一した。上り方の先頭車についてはサハ787形五両に運転台を設置してクハ787形に改造した。

日豊本線では「ソニック」六往復を増発するほか、延岡－宮崎空港間に特急「ひゅうが」四往復を新設した。

さらに、博多－門司港間に通勤特急「きらめき」が新設された。夜、門司港行きの「つばめ102号」と博多発の「にちりん101号」の博多－小倉間を独立させ、あらためて博多発門司港行き特急「きらめき2、4号」としたもの。

肥薩線、吉都線経由で熊本－宮崎間（都城－宮崎間は快速）を結ぶ急行「えびの」三往復を廃止し、代わりに急行「くまがわ」熊本－人吉間を二往復増やして六往復とした。

寝台特急では京都－長崎・佐世保間を結んでいた寝台特急「あかつき」のうち佐世保編成を廃止し、「彗星」（京都－南宮崎間）と京都－門司間を併結運転することになる。

三月一一日には新たに鹿児島本線の久留米市内に久留米大学駅前を新設。

門司港－博多間では朝の博多行き「さわやかライナー」、夜の門司港行き「ホームライナー」が運転されていた。二〇〇〇年三月のダイヤ改正で「さわやかライナー」が一本増えて二本に、「ホームライナー」は従前どおり二本を運転した。特急形車両を使い、三〇〇円の乗車整理券が必要であった。

筑肥線下山門―筑前前原間の複線化

筑肥線は大半が単線であるものの、九州随一の大都会である福岡都市圏のれっきとした都市鉄道である。沿線の都市化が進んだことから、下山門―筑前前原間を複線化することになる。

福岡県、沿線自治体とＪＲ九州は筑肥線複線化連絡検討会を設置して一九九三年から一九九四年にかけて事業化に向けての検討が行われた。その結果を受けて、一九九五年二月には複線化について、福岡市、前原市、ＪＲ九州とのあいだで合意を見た。そして運輸省は一九九五年一二月に鉄道整備基金による都市鉄道に対する無利子貸付の対象事業として採択した。

ところで運輸省は鉄道整備基金による無利子貸付の制度を一九九九年度で打ち切る方針を持っていたことから、事業期間を一九九六年度から一九九九年度と設定した。

筑肥線沿線の都市化の進行で、一九九四年当時すでに混雑率が一五八％に達し、改善が急務とされた。複線化によって混雑率は一二〇％にまで改善される見通しとした。

また、今宿駅の近隣地では福岡市が伊都《いと》土地区画整理事業を推進中であり、周船寺《すせんじ》駅の北方地区では九州大学の伊都キャンパスの建設が計画され、その後の需要の増加も見込まれた。

複線化の事業区間はすでに姪浜－下山門間で完了していることから、福岡市と前原市にまたがる下山門－筑前前原間の一一・一㎞である。そのうち、福岡市が施工する伊都土地区画整理事業区域にあたる今宿－周船寺間の一部約一・六㎞については高架化も併せて実施されることになった。

事業費は車両費と消費税を除いて総額約一二七億円で、内訳は地平部の工事費が約一〇三億円、高架部が約二四億円である。このほかに既設線の高架化分として約二六億円がかかる。

なお、既設線の高架化分は福岡市が事業主体となる立体交差化事業で、限度額立体交差化事業という手法が取られた。これは単独立体交差を実施する場合の経費を限度額として財源が手当てされるもので、複線化事業とは別のプロジェクトということになる。

複線化事業の事業主体は日本鉄道建設公団とＪＲ九州である。

財源の基本スキームは、国と地域が二〇％ずつ、ＪＲが六〇％を負担するというもの。国の負担分は鉄道整備基金による都市鉄道整備費無利子貸付金の制度が適用され、総工事費の四〇％について無利子貸付をし、その利子相当分が実質的な補助金の意味を持つ。

また、自治体に対しても無利子融資、補助、出資などによる同程度の助成策を要求したが、JR九州は自治体から工事費の四〇%について無利子融資を受けた。なお、自治体間での負担割合は福岡県五：福岡市四：前原市一である。

さらに、高架化区間の線路増設部については土地区画整理事業との密接不可分の関連を持つ事業であることから、地平部区間では本来JRが六〇%を負担すべきところであるが、国の支援を得ながら福岡市が負担することになる。福岡市は全工事費の八〇%を負担することになるが、そのうち二〇%は無利子融資分で、残り六〇%は負担金というかたちの無償の資金である。

一九九六年一二月三日に複線化工事に着手。二〇〇〇年一月二二日にダイヤ改正で供用を開始した。

朝夕時間帯に筑前前原－姪浜間で四往復の増発を実施。これで直通列車が四往復増えて六七往復となった。増発にあたって303系新型電車六両二本を増備した。

二〇〇〇年三月一一日からは西唐津－筑前前原間で運行している三両編成の電車をワンマン化した。

「ライナー」の特急昇格（二〇〇一年三月三日ダイヤ改正）

日豊本線にも新型特急形電車８８５系五両編成四本を投入して「白いソニック」の運行を開始した。また、鹿児島本線では特急「有明」八往復を小倉まで延長した。

		複線化事業費		計
		地平部	線増高架部	
純工事費	用地取得費	24	0	24
	施設工事費	49	19	68
	電気工事費	17	2	19
	計	90	21	111
付帯工事費		6	1	7
管理費		7	2	9
合計		103	24	127

図表17　筑肥線複線化の概算事業費（億円）
出典：福岡市資料

これによって小倉－博多間の都市間輸送が大きく充実することになった。

そのほか、門司港－博多間「さわやかライナー」「ホームライナー」が特急に格上げされ、朝夕の小倉発博多行き二本、夜間の博多発門司港行き五本の特急「きらめき」が設定された。自由席特急券五一〇円が必要となり、実質的に値上げとなった。さらに、乗車整理券で定員乗車であったが、特急になってからは着席は保障されない。

福北都市圏では筑前新宮《しんぐう》駅（現・福工大前《ふっこうだいまえ》駅）と古賀駅に快速が停車。豊肥本線では武蔵塚《むさしづか》に特急「あそ」を停車させた。また、鳥栖市の鹿児島本線に弥生《やよい》が丘《おか》駅を新設した。弥生が丘駅は二面四線で、特急の追い越しに使われることになる。

若者向け「ナイスゴーイングカード」で「つばめ族」「かもめ族」が登場

ＪＲ九州は一九九六年四月に一六歳から二九歳までの若者向けの会員制度として「ナイスゴーイングカード」の募集を開始した。従来、シニアに対する会員組織はあったが、若者を対象にするのは全国的にもめずらしい。会員になると高率の割引で乗車券などが購入できるというもの。併せて「ナイスゴーイング福岡キャンペーン」を実施し、金曜日から日曜日までと祝日に博多への往復運賃、料金（片道一〇一㎞以上）を四〇％割り引いた。週末に特急で若者たちが博多を目指し、「つばめ族」「かもめ族」という言葉が生まれた。

当初の目標会員数を年間三万人と見積もったが、この数字はわずか一カ月で達成し、翌一九九七年三月時点で一五万人を突破するという予想外の人気を博した。

さらなるローカル路線の撤退が続くバス事業

バス事業では、前期に続いて地方の閑散路線の廃止が続いた。二〇〇一年度に予定したバス事業の分社化に向けて経営改善を推し進めた時期であるということができる。

廃止区間は一九九六年七月に日肥線村所－湯前間、九月に北薩線屋《や》地《ち》下町《しもまち》－米《こめ》ノ津港《つこう》間、国分線国分高校前－郡田《こおりだ》間、銅田《どうた》－萩《はぎ》ノ元《もと》間、検校川《けんこうがわ》－上《うえ》ノ段《だん》間、一九九七年四月に加治木線帖佐－蒲生町間（蒲生営業所廃止）、一九九八年四月に都城線都城－油津港間《あぶらつこう》（都城営業所廃止）、日肥線宮崎－村所間（妻営業所廃止）、一九九九年三月には福丸《ふくまる》営業所を廃止して直方営業所に統合した。さらに二〇〇〇年五月に国分線鹿児島空港－垂水港間（国分営業所廃止）、山川《やまかわ》線山川－枕崎間（山川営業所廃止）を廃止した。

韓国側との共同運航となった船舶事業

高速船事業は順調に推移し、一九九六年には週末の乗船率が常時九〇％を超える状況であった。そこで二隻目の導入を検討したが、韓国鉄道庁との共同事業の契約では二隻目は韓国側が運航することになっていた。しかし、韓国側は委託先の海運会社が決まらないなど運航体制が整えられないことから、ＪＲ九州が持つ初代の「ビートル」（一九九七年一一月に神戸海上アクセスから返却）の船体と乗組員を貸与するかたちで運航することになる。船名も韓国側が「ジェビ」と決めた。「つばめ」の意味の韓国語であった。

一九九八年五月一日に福岡－釜山航路が二隻体制となり、夏季ダイヤにおいては週三六便、冬季ダイヤでは週二四便の運航を実施した。これによって乗船客も大きく増加し、二〇〇〇年五月には乗船客は累計で一〇〇万人を超えることになる。

二〇〇〇年九月には韓国国鉄でコリアレールパスが発売になり、日本人観光客の韓国内での移動が便利になった。

小倉駅ビルの建て替えで北九州モノレールが乗り入れ

ＪＲ九州になって最初の駅ビルの建て替えは小倉駅であった。一九九八年三月に開業した。西館は地下三階、地上八階のビルで、建物の中央部に二、三階をぶち抜いた空間があけられ、ここに北九州モノレールが乗り入れている。東館はステーションホテル小倉を地上七階のビルに建て替え、下層部には商業施設、上層部にはホテルが営業。ホテルは約三〇〇室の本格的シティホテルを目指した。商業施設には「アミュプラザ」が入居している。駅ビル自体はＪＲ九州のグループ会社の小倉ターミナルビルが運営する。続いて二〇〇〇年九月に「アミュプラザ長崎」が開業した。敷地面積二万八〇〇〇㎡と広い面積が確保できたため、上下階の動線となるエスカレーターを連続的に配置したのが特徴。

九州新幹線鹿児島ルートの建設開始に先立って西鹿児島駅の駅部工事が開始され、一九九六年六月一九日には新幹線ホームの下層構造となる橋上駅など在来線部分を先行開業した。当時は郷土伝統色のベンガラ風の色で、正面に大階段（スカリナータ）があって外観にインパクトを与えていた。商業施設の「フレスタかごしま」が併設された。

駅構内のショッピングセンターである「フレスタ」は一九九六年三月に「フレスタ香椎」、一九九六年六月一九日に「フレスタかごしま」、一九九九年七月三〇日に「フレスタ南福岡」を開業した。さらに小規模な駅の商業施設として一九九九年に開業した「ミュー戸畑」、二〇〇〇年開業の「ミュー前原」がある。

貨物ヤード跡地を再活用した「門司シーサイド商業施設」

ジェイアール九州ビルマネジメントは事業用地や社宅の跡地を活用して商業施設の開発を進めたが、この時期に門司シーサイド商業施設を開発した。門司駅に隣接する門司区大《だい》里《り》の貨物ヤードの跡地で、ホームプラザ「ナフコ」などが開店した。また、若松線（筑豊本線）沿線にも「若松ベイサイド商業施設」を開発した。

二〇〇〇年一二月に直営の住宅部門がジェイアール九州住宅に引き継がれた。

大手私鉄も顔負けの宅地開発事業

宅地開発事業として熊本県菊池《きくち》郡大津《おおづ》町に「美咲野《みさきの》団地」（計画人口四〇〇〇人）を造成

した。開発面積五六・五ha、販売区画一一八〇の大規模なプロジェクトである。一九八九年一一月に大津都市開発準備事務所を開設して地権者約一八〇人との用地買収の交渉を開始。当初JR九州が単独で土地を造成したが、造成が終わった段階でハウスメーカーに協力を求め、一九九五年に清水《しみず》建設と西松《にしまつ》建設が参加して共同事業体の施工となる。住宅はJR九州を含めてハウスメーカーが建設した。一九九七年三月に街開きをした。この南東約一・八㎞の位置に豊肥本線肥後大津駅があり、JR九州は電化と特急「有明」の乗り入れを実施した。

一九九七年四月からは北九州市八幡西《やはたにし》区に「泉ヶ浦《いずみがうら》」の開発を始めた。鹿児島本線折尾駅から約二㎞の位置にあり、ごく小規模な住宅地で、開発面積一・三ha、五四区画、計画人口約一八〇人であった。一九九七年四月に販売を開始し、二〇〇〇年七月に完成して引き渡された。

鹿児島本線赤間《あかま》駅から徒歩二〇分ほどの地に西鉄と共同で「桜美台《おうびだい》」を開発した。開発面積一三・七ha、区画数三一八、うちJR九州分は一三五区画である。計画人口は一一〇〇人。一九九五年に用地買収を開始して一九九七年に工事に着手、一九九九年九月に街開きとなる。JR九州の区画は二〇〇四年九月に完成した。

ターミナル駅への進出が相次ぐホテル事業

ＪＲ九州グループのホテル事業は「ホテルブラッサム福岡」の開業に始まった。九州キヨスクが自社用地の有効活用を図るために一九九二年一二月に「ホテルブラッサム福岡」を開業した。シックな雰囲気を売りものにしたハイクラスのビジネスホテルというイメージである。その九州キヨスクは本業の物販の経営の悪化により、一九九九年三月にホテルをＪＲ九州に譲渡した。ＪＲ九州は新たにジェイアール九州都市開発を設立してＪＲ九州から土地と建物を賃貸するかたちで、一九九九年六月一日によりリーズナブルなホテルとして再オープンした。続いて一九九八年四月二七日に小倉ターミナルビル株式会社によって小倉駅の駅ビル内に「ステーションホテル小倉」を開業した。もともと「小倉ステーションホテル」が営業していたが、駅ビルと一緒に建て替えられ、線路上空に立地するという特殊な構造になっている。宿泊特化型の福岡と異なり、結婚式場を併設するシティホテルである。

また、二〇〇〇年九月二二日に「ＪＲ九州ホテル長崎」を開業した。新築された駅ビルの上層階に入居し、ＪＲ九州自体が開発した最初のホテルである。

第七章　新幹線開業前夜の九州の鉄道――二〇〇一〜二〇〇三年

中期経営計画「G-Vision '03」

二〇〇一年から新しい中期計画「G-Vision '03」が実施された。そして、この計画期間内を上場可能な経営基盤の確立に向けた「第二創業期」と位置づけた。

二〇〇四年の九州新幹線開業に向けて全事業の活性化を図るとともに、JR九州グループとしてのブランドの構築と活用を目指すことになる。

JR九州グループの各分野の目標を、鉄道グループは「駅から、まちへ」、事業開発グループは「駅から、くらしへ」、キャリア、レジャー&サービスグループは「駅から、ゆとりへ」というキャッチフレーズを掲げる。

この計画からグループ企業を含めた経営計画とし、数値目標として連結営業収益二三八〇億円、連結経常利益六〇億円を設定した。

その目標のもとで二〇〇二年四月にキャッシュ・マネジメント・システム（CMS）を導入した。グループ企業の資金を一括管理して有利子債務の削減を図るというもの。当初は統括会社とグループ各社間の資金貸借機能を設け、賃貸期間を設けない「プーリング」を実施するとともに、期間を定めて金利面で有利となる「グループファイナンス」の二つの機能で始めた。

また、二〇〇一年四月に北九州市と福岡市に分散していた本社機能を福岡に統合し、北九州市小倉北区《こくらきた》には福岡県と佐賀県を管轄する北部九州地域本社を新設した。併せて二〇〇一年度を「福北の年」と位置づけて福岡、北九州エリアをすべての事業における最重点地区として施策を展開した。

国鉄時代には北九州市に九州総局と門司鉄道管理局があり、一九三七年に建設された元三井物産門司支店の建物を使っていた。

門司港レトロ事業による地区活性化の一環で、この建物を二〇〇三年八月に九州鉄道記念館としてオープンした。「九州鉄道記念館」には59634蒸気機関車、EF10形電気機関車、581系寝台特急用電車、キハ07形気動車など実際に九州で走っていた車両が八両集められたのが目玉。JR九州が費用負担して整備し、北九州市が運営にあたっている。

さらに九州新幹線の新八代－西鹿児島間開業が近づいていることから、二〇〇二年七月一九日に本社内に「新幹線開業準備室」を設置した。

高速バスを意識した「2枚きっぷ」「4枚きっぷ」の発売

九州では高速バスが急速に拡大し、鉄道輸送は旅客を奪われていた。そのため、JR九州は高速バスに対抗するために従来の運賃や料金にとらわれない新しい発想から、二〇〇一年一〇月に「２枚きっぷ」「４枚きっぷ」を発売した。

たとえば博多－小倉間は特急自由席の一七五〇円に対して高速バスは一〇〇〇円であることから、「２枚きっぷ」だと一枚あたり一三〇〇円、「４枚きっぷ」は一二〇〇円と高速バスに対抗できる金額に定められた。

「福北ゆたか線」の誕生（二〇〇一年一〇月六日ダイヤ改正）

二〇〇一年一〇月六日に篠栗線、筑豊本線吉塚－直方－東折尾《ひがしおりお》信号場間の電化を完成して「福北《ふくほく》ゆたか線」の愛称がつけられた。

福北ゆたか線での電車運転に合わせてサハ８１３形５００番台六両を新造し、在来の８１３系電車二両編成に組み込んで三両化したほか、新型８１７系電車を二両編成三一本を新造して一九本を筑豊地区に、一二本を長崎地区に投入した。８１７系は転換式クロスシート車、ワンマン対応。

福北ゆたか線には新たに特急「かいおう」が設定され、福岡への通勤、通学の便を改善した。

また、筑豊地区で残ったオハ50系客車の定期運行が終了し、これで内装を大幅に改造した津軽海峡《つがるかいきょう》線の快速「海峡」を除いて消滅した。一九七七年から製造が始まり、JR発足前後の電車化と気動車化によって一〇年あまりの短命で終わった車両も多い。一部にディーゼルエンジンを載せて気動車として再生されたものもある（JR北海道、JR西日本）。

電化開業で幹線の座に躍り出た篠栗線と筑豊本線

博多と筑豊地方を結ぶ篠栗線と筑豊本線は都市間路線としての潜在需要が期待されるものの、全線単線、非電化であった。そこで、当初、電化を実施するため、整備主体として一九九三年二月八日に第三セクター「福岡筑豊都市鉄道開発株式会社」が設立された。福岡県、沿線自治体とJR九州をはじめとする民間企業二八社が出資した。鉄道整備基金からの無利子融資や産炭地振興資金などを財源として、開業後はJR九州に貸し付ける計画であった。

当初、整備計画では整備区間を吉塚－直方間とし、吉塚－篠栗間は電化と複線化、篠栗－直方間は単線電化、九郎原《くろうばる》に行き違い設備を設置するとした。一九九七年度末に吉塚－篠栗間の電化と複線化、一九九九年度末に全線の整備を完了する計画で準備作業が進められた。

　しかし、当時運輸省は一九九九年度で無利子融資の制度を打ち切る方針であったため、福岡県は整備形態を大幅に見直し、JR九州を事業主体とする意向を示した。

　工事の計画も財政負担を軽減するために複線化計画区間の短縮が検討された。その一方で一九九三年の計画では整備区間にされていなかった区間の沿線自治体からは電化整備への要望が強まってきた。そこで複線化の効果を損なわず、しかも事業費を圧縮する方策が考え出された。一九九六年七月に具体的な計画が報道によって明らかになったが、電化区間を黒崎《くろさき》－吉塚間に延長して篠栗線の複線化は当面先送りし、長者原と九郎原に行き違い設備を新設することで輸送力増強と高速化を図るもの。電化区間の延長によって鉄道の高速化の効果をより広い範囲に広げることができる。福岡、北九州両都市圏のアクセス強化によって「筑豊振興の起爆剤」としての位置づけがより明確となった。しかも福岡と北九州を連絡するバイパスルートとしての役割も担うことができるとともに、一自治体あたりの負担額が軽減されるという案であった。

　一九九六年八月に筑豊本線と篠栗線の電化事業に対して、通産省資源エネルギー庁が産炭地域振興臨時交付金として二〇億円を負担する方針を固め、同年一二月の一九九七年度大蔵原案内示で認定され、一九九七年三月に福岡県、沿線自治体、ＪＲ九州のあいだで基本協定が締結された。同年八月二七日に新飯塚駅構内で起工式が行われた。

筑豊本線と篠栗線の電化は、電化区間は筑豊本線の黒崎－桂川間三九・七㎞と篠栗線の吉塚－桂川間二五・一㎞の計六四・八㎞。行き違い設備を長者原と九郎原に新設した。事業費は一四〇億円（車両費を除く）。

事業費一四〇億円の負担割合は地元自治体が五〇％にあたる六四億円、国の負担が二〇億円、ＪＲ九州が五六億円である。国負担分の二〇億円は通産省資源エネルギー庁の産炭地域振興臨時交付金で、石炭石油等特別会計から支出される。ＪＲ九州の負担は五六億円で、そのうちの四〇億円については、福岡県産炭地域振興センターが県債を引き受けるかたちで県に四〇億円を支出。県はこれをＪＲ九州に貸し付けるとともに、振興センターに対して県債の金利として六億円を支払うというもの。

地元負担は地方財政再建促進特別措置法にもとづく通達による地元自治体負担の上限とされる金額として福岡県と沿線自治体が三二億円ずつ負担する。沿線自治体は五市八町あるが、負担割合は均等割りのほか、人口や乗降人員などの指標で調整した。

「区間特急」で長崎地区の輸送を改善（二〇〇二年三月二三日ダイヤ改正）

輸送改善の大規模なダイヤ改正は一段落し、今回は小規模のダイヤ改正となった。パターンダイヤの修正を行うとともに、長崎本線肥前山口－長崎間、喜々津《ききつ》－浦上間のワンマン化を実施した。また、鹿児島本線の博多地区の快速のすべてを原田駅に停車させた。新駅については豊肥本線に大分大学前駅を新設した。

このダイヤ改正で、長崎と佐世保を結ぶ快速「シーサイドライナー」の車両が国鉄時代に急行形として製造されたキハ58系、キハ65形からキハ66系とキハ２００系二両編成に変更となる。

長崎本線では六月に佐賀－博多間の区間特急「かもめ１０４号」を土休日について時間帯を下げて区間特急「かもめ１０６号」に変更。一〇月には区間特急「かもめ１０１、１０４号」を毎日運転としたうえで、佐世保まで延長して特急「みどり」に編入するとともに、区間特急「かもめ１０２号」の運転区間を肥前鹿島《かしま》始発（肥前鹿島－佐賀間は臨時特急）に延長した。

在来線による都市間ネットワークの完成（二〇〇三年三月一五日ダイヤ改正）

翌年の九州新幹線新八代－西鹿児島（開業時は鹿児島中央）間の開業準備として特急「つばめ」を新幹線リレー（後述）用にリニューアルした。ビュッフェを廃止して座席化。新たに三両を増備して七両編成に統一した。

「シーサイドライナー」仕様となったキハ66系

サハ885形300番台四両を新造して日豊本線の特急「ソニック」をすべて六両編成に増強するとともに「ソニック」と「にちりん」の系統分割を実施し、別府駅と大分駅で相互接続させた。これで在来線の特急網の整備が完了した。あとは九州新幹線の開業を待つばかりというところとなる。

また、戸畑駅に特急「有明」を停車、大野城《おおのじょう》駅にすべての快速を停車、新水前寺《しんすいぜんじ》駅に特急「あそ」を停車した。新駅として北九州市八幡西区の筑豊本線に本城《ほんじょう》駅を新設した。

筑肥線では博多駅ほか福岡への買い物客の便を図るた

めに土休日にも快速運転を開始した。

久大本線の観光特急「ゆふいんの森」に使用している初代キハ71系について、三代目のキハ72系に合わせてリニューアルを実施。大村線の特急「シーボルト」を廃止し、キハ183系1000番台は再び久大本線で使用するための改造工事に入った。

福北都市圏では813系電車300番台三両編成三本を投入したほか、0番台の三両化のためにサハ813形400番台八両を新造した。

ローカル列車の運行の効率化のため、鹿児島本線小倉－黒崎間、西鹿児島－鹿児島間、日豊本線小倉－城野、鹿児島－国分間、長崎本線鳥栖－肥前山口間で、ワンマン化を実施した。

ワンマン運行の拡大(二〇〇三年一〇月一日ダイヤ改正)

817系電車の新区分1000番台二両編成一二本を新造して直方運輸センターに投入。直方から0番台一〇本を鹿児島総合車両所に、二本を大分鉄道事業部大分運輸センターに転用した。これによって日豊本線田野《たの》－国分間、延岡－高鍋《たかなべ》間、宮崎空港線、鹿児島本線川内－西鹿児島間でワンマン運行を開始した。

九州新幹線新八代－鹿児島中央間の開業（二〇〇四年三月一三日ダイヤ改正）

いよいよ待望の九州新幹線鹿児島ルートの開業である。新八代－鹿児島中央間を開業し、「つばめ」が新幹線の列車名として採用された。小倉・博多－新八代間に「つばめリレー」が設定され、新八代駅では同じホームの対面での乗り換えで、指定席の位置もそろえられた。

新幹線が開業した区間の鹿児島本線は海岸べりを蛇行する単線区間が多い隘路《あいろ》区間であったため、新幹線の高速性に加えてショートカットによる効果も大きかった。

新幹線を基軸とした特急体系やフィーダー輸送の整備を実施した。その結果、二〇〇四年度の決算では新幹線と在来線を合わせた輸送量は前期に比べて一・三％増加し、運輸収入においては前期比八四億円増の大幅な増収となった。その結果、JR九州設立以来初めての営業利益を実現した。

新幹線の開業に合わせて鹿児島県内を中心に観光列車が拡充され、肥薩線吉松－鹿児島中央間に観光特急「はやとの風《かぜ》」が新設され、豊肥本線特急「あそ」をリニューアルするとともに、急行「くまがわ」を格上げして新たに別府・大分－熊本－人吉間特急「九州横断特急」の運転を開始、指宿枕崎線の快速「いぶすき」の一部に黄色のキハ200系専

指宿枕崎線の特別快速「なのはなDX」仕様のキハ200系

用編成が投入されて特別快速「なのはなＤＸ」に変更、肥薩線人吉－吉松間観光列車「いさぶろう・しんぺい」を単行から二両編成に増強した。また、久大本線にはキハ１８３系１０００番台を使用して特急「ゆふ」の一部を「ゆふＤＸ」として運転を開始した。

「九州横断特急」は熊本－別府間の特急「あそ」と急行「くまがわ」の一部を特急に格上げして統合した列車である。急行「くまがわ」の残りは熊本－人吉間の特急「くまがわ」となった。

九州新幹線の開業にともなって並行在来線の八代－川内間を経営分離して鹿児島県や熊本県などが出資する第三セクター「肥薩《ひさつ》おれんじ鉄道」に引き継がれた。並行区間でも新八代－八代間、川内－鹿児島中央間はＪＲ九州の経営のまま残った。ＪＲ九州の路線網は北部の通勤、通学路線のほかは過疎路線である。北部の収益路線の輸送改善によって需要を増加させる取り組みと同時に、南九州の路線の観光需要の喚起策が重要となる。

寝台特急「なは」の運転区間が短縮されて新大阪－熊本間に変わった。

日豊本線大分－佐伯間の高速化工事が完了し、大分駅で系統が分割されている特急「ソニック」「にちりん」の輸送力を増強した。

そのほか、朝に諫早《いさはや》－長崎間に通勤特急「かもめ」の下り一本を増発した。寝台特急「なは」は運転区間を新大阪－熊本間に変更した。

「終点から先に開業」という深謀遠慮

一九八八年五月一九日に政府自民党の着工順位専門検討委員会において整備新幹線各路線の部分着工案が提示された。六月一日に日本鉄道建設公団審議役が九州・山口経済連合会主催の九州新幹線講演会で「九州新幹線は部分着工なら博多－熊本間より先に八代または熊本－西鹿児島間に着手すべき」と発言。運輸省は同月一三日の着工優先順位専門検討委員会では熊本－西鹿児島間をスーパー特急によって先行整備する案が示された。

九州新幹線の本格着工が実現しないなかで、鹿児島県内の第三紫尾山《しびさん》トンネルが難工事区間として先行着工することになった。一九八九年八月八日に安全祈願祭が執り行われた。

一九九〇年一二月二四日の政府与党の申し合わせで九州新幹線八代－西鹿児島間につい

て一九九一年度に工事に着手することで合意。これで正式に九州新幹線にゴーサインが灯った。この時点では新幹線規格の構造物を建設して狭軌の線路を敷設し、在来線と直通するスーパー特急を新線区間では時速一六〇～二〇〇キロで運転するというものであった。

その後、新八代－西鹿児島間は一九九一年八月八日に暫定整備計画を決定、同二二日に認可を得て九月に本格着工となった。

新八代を起点に途中に新水俣、出水《いずみ》、川内、西鹿児島の四駅が設置され、建設費は四七八一億円（車両費は除く）で、工事実施計画認可の日からおおむね一〇年で完成するという計画であった。

一方、整備新幹線の整備とは別の枠組みを用意して駅の建設が始められた。まず一九九二年八月に西鹿児島駅が新幹線鉄道駅緊急整備事業に認定され、同年一〇月に工事に着手した。東西方向に伸びる鹿児島本線のホームを十字型に南北に貫通するかたちで高架の新幹線駅と駅舎を建設するというもの。一九九六年六月に完成し、一九日に開業式が祝われた。この時点では在来線の上部に橋上駅舎が乗り、その上に新幹線の二面四線の頭端式ホームのコンクリートの道床が完成していただけであった。

一九九九年一二月の与党整備新幹線建設促進協議会では九州新幹線新八代－西鹿児島間

の開業時期を二〇〇三年度末と具体的に示された。同時に博多–西鹿児島間の全線をフル規格化することで合意。「スーパー特急」がなし崩しで「フル規格」に変わった。博多–新八代間が開通するまで新八代での乗り換えが新たに必要となるが、この時点ではフリーゲージ・トレインが実用化されたときにはこれを活用することが示された。新八代と在来線に新設する北八代《きたやつしろ》信号所までのあいだにアプローチ線を建設して新八代での在来線と新幹線の直通運転をすることになった。

並行在来線を引き継ぐ「肥薩おれんじ鉄道」の設立

九州新幹線の並行在来線について、二〇〇二年六月七日に鹿児島県庁で県並行在来線鉄道対策協議会の総会が開かれ、その場で第三セクターの経営基本計画が示され、即日、県と沿線自治体は合意。二〇〇二年秋には熊本県と鹿児島県が出資して第三セクター「肥薩おれんじ鉄道」が設立された。

九州新幹線の新八代–鹿児島中央間が開業した二〇〇四年三月一三日に鹿児島本線の八代–川内間の経営をJR九州から引き継いだ。交流電化路線であるが、旅客列車はすべて気動車で運転。JR貨物の貨物列車のために電気設備は残し、JR貨物は第二種鉄道事業として使用料を払って運行する。

二〇〇二年七月の「経営基本計画」では初年度（二〇〇四年度）の営業収益（運賃をJR九州の一・三倍に引き上げのケース）を一一億五〇〇〇万円と想定したものの、実際には二億二〇〇〇万円少ない八億八三〇〇万円となった。また、開業二年目については計画では償却前収支を九一〇〇万円の黒字としていたが、実績は五三〇〇万円の赤字であった。経営基本計画では開業九年間の償却前黒字を想定していたが、早くも開業二年目にして計画が大きく狂うことになる。

旅客輸送量が低迷するなかで、観光客の需要喚起のためにエージェント・セールス（対旅行代理店、法人営業）を精力的にしかけることで、台湾や韓国からのインバウンド観光客の集客で実績を上げていった。さらに二〇一三年三月二六日からは車内で贅沢な食事ができる「おれんじ食堂」の営業を開始し、旅客輸送人員と旅客運輸収入の復調の兆しが見えるようになった。しかし、期待した経営改善は実現せず、依然として厳しい経営が続く。

第三セクターが主体となった日豊本線大分－佐伯間の高速化

日豊本線では二〇〇一年度から大分－佐伯間の高速化工事を実施し、二〇〇四年三月一

		総額	2001年度	2002年度当初	補正	2003年度
事業費		2,306,250	637,500	907,500	393,750	367,500
国（事業団）		615,000	170,000	242,000	105,000	98.000
JR九州		845,625	233,750	332,750	144,375	134,750
地元		845,625	233,750	332,750	144,375	134,750
	大分県	530,427	146,625	208,725	90,562	84,525
	同盟会	230,625	63,750	90,750	39,375	36,750
	4市	84,563	23,375	33,275	14,438	13,475

図表18　日豊本線大分－佐伯間の高速化（千円）
出典：大分県資料

三日に完成した。大分－佐伯間のＰＣ（プレストレスト・コンクリート）枕木化と曲線改良、熊崎－上臼杵《かみうすき》間の橋梁改良を実施して最高時速を八五kmから一一〇kmに引き上げるというもの。事業費は約二三億六二五万円で、新たにＪＲと大分県が出資して設立した第三セクター「大分高速鉄道保有株式会社」が事業主体となる。資本金二億三七五〇万円のうち八二・五％を大分県が出資し、残りはＪＲ九州が負担した。

また、事業費の八〇％を補助対象事業費として、その三分の一にあたる六億一五〇〇万円を国の運輸施設整備事業団から幹線活性化補助金の交付を受け、残りを地元とＪＲ九州が折半した。結局、出資金を含めて地元とＪＲ九州は八億四五六二万円ずつを負担（当初計画）することになった。また、地元負担分のうち九〇％が大分県で、一〇％が沿線四市となるが、大分県分のうち約三割は県が事務局を担当する日豊本線高速・複線化大分県期成同盟会から支出された。

この高速化によって大分–佐伯間の所要時間が八分短縮して五二分となった。

「ジェイアール九州バス」への分社化

ＪＲ九州は国鉄が経営するバス事業を引き継いで直営で運行していたが、二〇〇一年二月五日に一〇〇％出資子会社としてジェイアール九州バスを設立。七月一日に旅客自動車事業（路線バス、貸切バス）のすべてを譲渡した。

ＪＲ九州は旧国鉄から福岡県直方線、佐賀県嬉野線、鹿児島県北薩線などの一般路線バスを引き継いだが、ＪＲ発足後はローカル路線を縮小する一方で、九州内にとどまらずに本州にいたる高速バスのネットワークを充実させていった。

二〇〇二年一〇月一日現在のＪＲ九州バスの事業概要は従業員三〇六人、車両数一九四台（うち一般路線一一五両、高速二一両、貸切五八両）。営業キロは一三五四・一㎞で、そのうち六四八・八㎞が一般線、七〇五・三㎞が高速線である。

高速線は福岡・宮崎線「フェニックス」が一九八九年七月二六日、福岡・鹿児島線「桜島号」が一九九〇年一二月二〇日、福岡・山口線「福岡・山口ライナー」が二〇〇一年一〇月一九日、福岡・広島線「広福《こうふく》ライナー」が二〇〇二年五月三一日と着々と路線の新設を続けた。さらに二〇〇三年三月二〇日に中国ジェイアールバス、防長《ぼうちょう》交通との共同運行によって福岡－徳山《とくやま》・光《ひかり》間の「福岡・周南《しゅうなん》ライナー」の運行を開始した。

なお、福岡・宮崎線は西鉄、宮崎交通、九州産業交通との共同運行、福岡・鹿児島線は西鉄、いわさきコーポレーション、南国交通、林田産業交通との共同運行、福岡・山口線は中国ジェイアールバスとの共同運行、福岡・広島線は中国ジェイアールバス、広交《ひろこう》観光、中国バスとの共同運行である。

一般線は直方支店直方線（路線長二〇四・六㎞）、山鹿支店山鹿線（一〇一・一㎞）、嬉野支店嬉野線（三八・四㎞）、臼杵支店臼三線（四七・七㎞）、大分支店佐賀関線（二四・一㎞）、鹿児島支店北薩線（一五一・六㎞）、宮崎支店宮林線（八一・三㎞）の七支店七路線であった。

そのうち、佐賀関線は地域協議会に対して二〇〇二年末の廃止の申し入れを行った。二〇〇三年度には宮林線の全線と直方線の一部の廃止を計画する一方、鹿児島本線の鉄道フィーダーサービスとして福間駅から循環バスの一年間の試験運転を行った。数回の時刻変更によって利用が安定したことから、二〇〇五年一月に本運行に移行した。二〇〇四年四月から東福間《ひがしふくま》駅でもフィーダーサービスの運行を始めたが、旅客が増えなかったため、二〇〇六年四月から福津《ふくつ》市のコミュニティバスとして運行を継続し、ＪＲ九州バスが運行を受託している。また、臼杵支店を大分支店に統合のうえ、臼杵車庫とした。

「増収減益」状態となった船舶事業

船舶事業は、二〇〇一年度には三隻体制を取ることで、夏季は週四〇便、冬季は週三四便の運航に増強された。しかし、二〇〇二年二月に韓国側で競合企業の参入があったことで収入単価が低下し、六％を超える大幅な減収となった。

その後は順調に乗船客数が増加したことから、二〇〇三年七月に四隻目となるジェットフォイル「ジェビ２」を投入して一日最大五往復の運航に増強した。これで週末増便、臨時便の運航、ドック時の減便対策が可能になった。

二〇〇五年八月一日には船舶部門を「ＪＲ九州高速船株式会社」として独立した。

「フレスタ」の開業で駅ナカ事業を拡充

ＪＲ九州ビルマネジメントは駅舎のリニューアルや高架化を機に「フレスタ」や「ミュー」といった駅構内の商業施設を整備していった。

二〇〇二年一一月一日に「フレスタ SASEBO」、二〇〇三年三月六日に「フレスタ水前寺」、五月二八日に「フレスタ福工大前」、五月二八日に「フレスタ香椎」、一〇月一〇日に「フレスタゆくはし」、二〇〇四年三月三〇日に「フレスタ門司」を、矢継ぎ早に開業した。

外食事業で東京進出を達成

ＪＲ移行当初の鉄道職員や鉄道施設の余禄《よろく》の部分の活用事例とは異なり、この時期は将来のＪＲ九州の鉄道と並ぶ事業部門として積極的に事業開発が進められた。

一九九六年にはジェイアール九州フードサービスを設立して居酒屋「うまや」の店舗を展開。二〇〇二年二月には東京赤坂《あかさか》店をオープンした。また、ＪＲ九州リーテイルは一九九九年二月エーエム・ピーエム・ジャパンと業務提携、フランチャイズ契約によって博多駅と香椎駅の「生活列車」を「am/pm」に転換したほか、福岡市早良《さわら》区西新《にしじん》に市中一号店を開店した。二〇〇五年七月に九州キヨスクと合併してＪＲ九州リテールに社名を変更。二〇一〇年には新たに「am/pm」を買収したファミリーマートと九州地区の出店について基本合意して駅構内の「am/pm」やＪＲ九州が直営した「生活列車」をファミリーマートに転換した。駅構内にとどまらずにロードサイドや郊外にも店舗展開をしている。

「健保の宿」を買収して再生

別府に国鉄時代以来の保養所として「べっぷ荘」があった。国鉄時代は鉄道共済組合、JR発足後はジェイアール健康保険組合が運営していたが、二〇〇三年三月に廃止された。一般競争入札にかけられたため、JR九州が入札し、同年七月に取得する。約一億円をかけて改修し、二〇〇三年九月一八日旅館「べっぷ荘」として開業した。運営は分鉄開発。

幻の鉄道計画——若松と戸畑を鉄道で結ぶ「洞海湾横断鉄道」

本章の終わりに、幻に終わった鉄道計画について取り上げたい。二一世紀に入ったころ、まだ各地で都市鉄道の建設が進められていた。勢いのある時代であった。

洞海湾《どうかいわん》横断鉄道は構想だけで終わってしまった鉄道である。

北九州市は七つの区から成り立っているが、そのうち若松区は洞海湾によってほかの六区と隔絶された地理的関係にある。洞海湾の湾口には若戸《わかと》大橋がかけられて市の中心部と結ぶが、鉄道を利用するにはいったん筑豊本線を折尾まで逆方向に進んで鹿児島本線に乗り換えるという大きく迂回するコースをたどらなければならない。そこで筑豊本線の終点の若松と対岸の戸畑のあいだにトンネルを建設して筑豊本線と鹿児島本線の貨物線を結んだ新しい旅客ルートを開発しようという構想を持った。

事業の内容は洞海湾を横断するトンネルを新設するほか、現在非電化である筑豊本線若松－折尾間を電化するとともに、鹿児島線貨物線戸畑－小倉間の旅客化を実施するというもの。現在の若松駅は地下の新若松《しんわかまつ》駅に移転する計画であった。

交通が不便であることで開発が遅れていた若松区の活性化を実現すると同時に、鹿児島本線のバイパスルートとしても期待された。

国の一九九九年度「都市鉄道調査」ではトンネルを単線で整備するケースと複線で整備するケースが検討された。若松－戸畑間の工事費は単線で整備する場合は約一二三億円、複線で整備する場合は約一七二億円である。そのほか、トンネルに接続するために筑豊本線の一部区間を地下化して新若松駅に乗り入れる工事費として約二六億円。筑豊本線の電化費用として約三五億円。車両購入費は単線整備の場合は一七両約二二億円。複線整備の場合は一五両約二〇億円である。そのほか、車両基地の整備費用として約二八億円を見積もるが、ＪＲの既存の車両基地を増強して使用する場合は約二億円ですむという。

総事業費は車両基地の整備費用を除いて、単線整備の場合は約二四九億円、複線整備の場合は約二九六億円である。

結局、単線で整備した場合でも事業費の大半を公共が負担しなければならないとされ、原計画の複線電化による海底トンネルで結ぶ計画は完全に否定されることになった。

第八章

新幹線の一部開業と「第二の創業」――二〇〇四～二〇〇六年

中期経営計画「ＪＲ九州グループ中期経営計画２００４－２００６」

九州新幹線新八代－鹿児島中央間の開業を「第二の創業」と位置づけ、二〇〇四年四月に「グループ中期経営計画２００４－２００６」を策定した。グループ戦略として一番目に「事業の選択と集中」を掲げ、設立二〇年目を目前に控えて事業内容の見直しを表明しているのが特徴である。

また、二〇〇四年三月当時の石原社長は「感謝の気持ちをベースとしたサービスの提供」「お客さまの声を商品や施策に反映」を柱とする「新・感・動・作戦」のスタートを宣言した。社風を改革する大胆な挑戦であった。

事業分野ごとの目標は、鉄道事業は「新幹線を契機とした増収増益基調の確保と黒字化」、事業開発は「鉄道事業と並ぶ基幹事業へ」、都市開発事業は「安定収入の確保と事業展開」、旅行事業は「地域に信頼されるオンリーワンエージェント」、船舶事業は「利益確保とトップシェアの堅持」、病院事業は「地域医療の中核としての貢献」である。

鉄道事業自体は新幹線が開業するものの、急成長する分野ではないため、ＪＲ九州は将来の会社を背負って立つ事業分野を創出することを目指した。計画最終年度の二〇〇六年度には連結営業収益二六〇〇億円、連結経常利益一三〇億円という数値目標を立てた。

二〇〇六年度の連結決算の実績値は売上高二六五八億円、営業利益七四億円、経常利益一六九億円といずれも過去最高の高数値である。

グループ企業の総合力を強化するため、グループ各社の果たすべき役割や目標を明確化するミッション制度の充実を図り、グループ会社の報酬への業績連動制度の導入、「グループ経営委員会」の活用によるグループガバナンスの強化、キャッシュマネジメントシステム（ＣＭＳ）や財務シェアードサービス（グループ内の財務管理の一体化）の活用を推進するという。

鉄道事業では経営支援策として実施された経営安定基金の鉄道・運輸機構に対する貸付が償還される。この貸付金に対する高い利子が実質的に助成金となっていた。基金の全額自主運用が始まることになるが、依然として低金利が続いていることから、運用益の減少は避けられなかった。そこで業務運営の効率化のため、ワンマン化と鉄道事業部の設置をいっそう進めるとする。

寝台特急「さくら」廃止の衝撃（二〇〇五年三月一日ダイヤ改正）

新しい列車や車両が登場するなかで、懐かしい列車が消えていった。二〇〇五年三月には寝台特急「さくら」が廃止された。「さくら」の列車名は一九二九年に東京－下関間の特急に「櫻」とつけられたのが最初で、戦後は東京－長崎間の寝台特急として親しまれていた。寝台特急「はやぶさ」についても寝台特急「富士」との併結運転とされた。その後、東京－大分・熊本間の寝台特急「富士・はやぶさ」が二〇〇九年三月一四日のダイヤ改正で廃止されて九州島内のブルートレインは消えた。廃止後、この車両を使ってイベント列車が運転された。

また、博多と山陰地方を結ぶ特急「いそかぜ」が廃止された。

ローカル列車については、ワンマン対応の８１３系電車１０００番台三両編成三本を新造し、鹿児島本線鳥栖・久留米－銀水間をワンマン化した。また、直方運輸センターにもワンマン対応の８１７系電車１０００番台二両編成二本を新造配置して在来の０番台を熊本運輸センターに転用したほか、熊本運輸センターの８１５系電車と大分運輸センターの８１７系電車を二本ずつ交換して熊本に８１７系０番台二両編成四本をそろえた。

「あそBOY」の老朽化と「あそ1962」の運行（二〇〇六年三月一八日ダイヤ改正）

二〇〇六年三月一八日のダイヤ改正では豊肥本線に光《ひかり》の森《もり》駅を新設して水前寺、武蔵塚駅発着の特急「有明」を光の森まで延伸した。

二〇〇五年八月二八日に「あそBOY」（豊肥本線熊本－宮地間）を牽引する58654は、途中静態保存期間を含めて製造から八三年を経過しているために老朽化が著しく、運行を中止した。「あそBOY」運転開始からでも一七年間を経過し、この間、三二万キロを走行

伝統の2列車の併結が多くのファンに衝撃を与えた
寝台特急「富士・はやぶさ」（上）、
国鉄の急行形気動車キハ58系を改造した「あそ1962」（中）、
大きな行き先表示が特徴のキハ220形（下）

し、延べ五二万人を運んだ。

「あそBOY」の代わりに二〇〇六年七月二二日に「あそ１９６２」が豊肥本線熊本－宮地間で運行を開始した。キハ58系二両を昭和三〇年代の雰囲気に改装した車両で、二〇〇六年七月二二日に運行を開始。豊肥本線熊本－宮地間を、土休日を中心に一日一往復した。

大分運輸センターに両運転台つきのキハ２２０形２００番台九両を新造投入。二〇〇六年七月二九日から久大本線と豊肥本線で使用を開始した。ワンマン対応車で、収容力を確保するために転換式クロスシートとロングシートを組み合わせた座席構成となった。

ビジネス客に好評だった「区間特急」の増発（二〇〇七年三月一八日ダイヤ改正）

二〇〇七年三月一八日のダイヤ改正では、九州新幹線で週末を中心に臨時運転していた最終一本前の「リレーつばめ81号」「つばめ81号」を定期化し、「リレーつばめ65号」「つばめ65号」とすることで、博多発6～20時台まで一時間二本の体制が整うことになった。

また、日豊本線特急の小倉駅の発車時刻を毎時19分に統一することで新幹線との乗り換えの便を改善した。

近距離の特急利用者の便を図るために、長崎本線の博多－佐賀間に特急「かもめ」の区間特急を早朝の上り一本と夜間の二往復を増発して博多と佐賀それぞれの滞在時間の拡大を実現。日豊本線では博多―中津《なかつ》間の区間特急「ソニック」を柳ヶ浦まで延伸した。

地域列車についても朝の通勤時間帯の輸送改善のために快速を中心に増発が行われた。

福北都市圏では朝の通勤時間帯に博多から小倉方面への快速を新設したほか、通過駅の輸送力を確保するために博多―福間間の普通列車を増発。昼間は博多―赤間間、博多―二日市《ふつかいち》間の普通列車を増発した。

日豊本線は朝の通勤時に小倉―行橋間一本を増発するとともに、行橋・新田原―中津間下り二本、上り一本を延長した。

そのほか、日田彦山線でも朝通勤時間帯に添田―小倉間で快速を増発した。筑肥線では昼間に快速上下各四本を増発している。

また、日豊本線小倉―中津間でワンマン運転を開始したが、ローカル線のワンマンとは異なり、駅で集改札して車内には整理券や料金箱は設置していない。日豊本線でのワンマン運転のために813系電車1100番台三両編成六本を新造した。さらに、旧型車の取り換えのためにワンマン対応の817系電車1100番台二両編成四本を直方運輸センターに新造投入し、0番台一本を熊本運輸センター、三本を鹿児島総合車両所に転用した。

二〇周年を記念した「20枚きっぷ」の発売

二〇〇六年にはJR九州の二〇周年を記念して「20枚きっぷ」という二〇枚つづりの回数券タイプの企画乗車券を発売した。一枚あたり価格は「4枚きっぷ」「つばめ2枚きっぷ」と同じであるが、グリーン席を無料で五回で利用できる「グリーン席引換券」を特典としてつけていた。

また、二〇〇三年九月に「九州グリーン豪遊券」が終了してから乗り放題きっぷがなかったため、二〇周年を記念してJR九州の普通列車、特急、新幹線自由席が乗り放題の「九州特急フリーきっぷ」を販売した。このフリーきっぷの発売に合わせて「スタンプラリー20」を実施した。集めたスタンプの数に応じて商品がもらえるというもの。

そのほか、二〇〇七年六月の週末限定の「ゲキ☆ヤス土日乗り放題きっぷ」が発売された。JR九州の普通列車、特急、新幹線の自由席が土日二日間乗り放題で価格は一万円。特典としてキヨスクで利用できるドリンク無料クーポン、ホテル割引、レンタカー割引がついている。

地方バス補助金の注入が相次いだバス事業

ＪＲ九州バスは地方バス補助金の対象事業者ではあるが、ＪＲ九州が直営していたときと同じく補助申請を行っていなかった。

地域バスの旅客の減少によって経営が厳しいため、二〇〇四年四月一日に宮林線の全線と直方線の一部が廃止されたが、二〇〇五年度からは福岡県と鹿児島県に対して補助申請を行い、福岡県の直方線、佐賀県内の嬉野線、鹿児島県内の北薩線が採択された。その一方で利用が少ない路線の縮小を進め、二〇〇六年二月二八日には熊本県内の山鹿支店を廃止、三月三一日に直方線の一部を廃止、二〇〇七年三月三一日に臼三線全線を廃止（廃止日は四月一日）したのにともなって大分支店が廃止された。

また、二〇〇七年三月末日にはＪＲ九州からの出向者を完全復帰させ、実質的な親会社からの人件費に対する補塡がなくなり、完全独立化を果たした。

高速バスは二〇〇四年一二月一日に福岡・広島線を火～木八往復、金～月九往復に増便した。二〇〇六年度には高速全路線にバスロケーションシステム（バスの現在位置表示装置）を導入した。

福岡－大阪線「山陽道昼特急博多号」は乗務員の効率的運用のため、二〇〇六年一二月に西日本JRバスと運行管理の受託と委託を実施してコスト削減を図った。

「JR高速船株式会社」の設立で韓国側に対抗

博多－釜山間ではJR九州の「ビートル」がトップシェアを占めるまでに成長していたが、そこに二〇〇二年二月韓国の未来高速（Mirae Jet）が参入してジェットフォイル「コビー」を就航させたほか、二〇〇四年七月にはカメリアラインが隔日から毎日運航に輸送力を増強し、一気に市場は競争化した。JR九州でも二〇〇三年七月に「ジェビ2」を投入して四隻体制へと移行した。

二〇〇四年には韓国ドラマ「冬のソナタ」が日本で放送されたことで、一気に韓流《ハンりゅう》ブームが拡大し、日本から韓国への渡航客が大きく増加した。また、同年四月には高速鉄道KTXが営業を開始して釜山－ソウル間の所要時間が大幅に短縮された。

このような変動が大きな時代にあって、船舶事業の意思決定の迅速化のため、JR九州は分社化することを決定した。二〇〇五年八月に「JR高速船株式会社」を設立して一〇月に船舶事業を譲渡した。

価格競争に陥って船舶事業が赤字化したことから、市場に秩序を取り戻すため、二〇〇六年二月には未来高速との業務提携契約に調印して両者は協調関係に変わった。

また、二〇〇六年三月には「ジェビ」の船内をリニューアルして船名を「ビートル１世」とした。七月からほかの三隻も同様の工事を行って居住性の改善を図り、新たにグリーン席が設けられた。

情報発信空間が設置された「アミュプラザ鹿児島」

九州新幹線の一部開業に合わせ、二〇〇四年九月に鹿児島中央駅の隣の鉄道用地にショッピングセンター「アミュプラザ鹿児島」を開業した。延べ床面積五万七〇〇〇㎡、六階建て、地下一〜四階物品販売、地下一階、地上五、六階レストラン、四〜六階フィットネスクラブ、アミューズメント、シネマコンプレックスというフロア構成。さらに一階には情報発信空間ともなる広場とイベントスペースが設置された。一九二店舗が入り、一三七〇台の大型駐車場を設備する。駅構内の商業施設「フレスタかごしま」もリニューアルした。

なお、駅舎の西側には二〇〇一年八月に「ＪＲ九州ホテル鹿児島」が開業している。

二〇〇五年二月には別府駅を「明るくきれいな駅」をコンセプトにリニューアルし、駅前北側にヤマダ電機、隣接高架下に商業施設「B-Passage（ビーパサージュ）」がオープンした。物販、飲食など二五店舗が入る。

ＪＲ九州の顔、九州のゲートウェイとなった博多駅を九州新幹線鹿児島ルートの全線開業に合わせて建て替えることになり、二〇〇六年四月一日に「博多駅開発本部」を設置した。二〇〇四年には都市再生緊急整備地域に指定され、地元や有識者によって「博多駅まちづくり研究会」で意見が交わされたが、ＪＲ九州もこれに参加した。

中小の商業施設である「フレスタ」では二〇〇五年二月二一日に「フレスタよしづか」が新しく営業を開始。二〇〇六年九月一五日には初のロードサイドの店舗として福岡市東《ひがし》区に「フレスタ千早《ちはや》」を開業した。

宅地開発からマンション建設にシフト

宅地造成事業は完成まで時間がかかり、事業リスクが大きいものの利益率が低く、縮小していった。

それに対して力を入れたのがマンション建設である。福岡都市圏を中心に安定収入が期待できる部門であり、この時期には福岡市博多区の「ＭＪＲ笹原」や佐賀県鳥栖市の

「ＭＪＲ鳥栖中央公園」などの分譲マンションを開発した。さらに鹿児島などにも事業を拡大していった。

また、新規に介護つき有料老人ホームを「ＳＪＲ」ブランドで開発し、二〇〇六年度には北九州市門司区に「ＳＪＲ別院《べついん》」を開設した。

ハウステンボスホテルの再編と屋久島進出

ＪＲ九州ハウステンボスホテル株式会社は、二〇〇三年にハウステンボスＪＲ全日空ホテルの土地と建物をＪＲ九州から購入。全日空ホテルズ（元全日空エンタープライズ）への運営委託契約をフランチャイズ契約に変更した。これによってホテルのスタッフはすべてＪＲ九州ハウステンボスホテルの所属となる。

二〇〇四年春に屋久島《やくしま》の熊毛郡《くまげ》屋久町《やく》（現・屋久島町）から老朽化によって解体された町営国民宿舎「ホテル屋久島温泉」の再建を依頼された。ＪＲ九州はこれを引き受けて二〇〇五年一〇月一日に「ＪＲホテル屋久島」を開業した。

第九章

新幹線の全線開業と輸送体系の再構築

――二〇〇七～二〇一一年

中期経営計画「Dash2011」

ＪＲ九州はグループ中期経営計画として二〇〇七年度を初年度とする「Dash2011 －ダッシュイレブン－」を策定した。

九州新幹線全線開業および新博多駅ビル開業を確実に成功させ、ＪＲ九州グループの将来ビジョンの達成に向けて大きく飛躍する期間として、「上場に向けた経営基盤の確立」を目標に据えた。

グループの分野ごとの目標は、鉄道事業は「安全、安心輸送、サービス改善、九州新幹線全線開業」のほか、徹底した効率化を掲げる。事業開発は「鉄道事業とならぶ基幹事業」と位置づけ、とくに駅ビルは「鉄道事業との相乗効果、アミュブランドの再構築による経営資源の集中」を、流通、外食は、「駅立地を活かした店舗戦略による収益拡大と駅の価値向上、新業態への積極的な挑戦」を行うとする。また、旅行事業は「主力商品の一層の強化と新たな商品開発」、病院事業は「医療制度改革に適応した経営改善」である。

二〇〇八年は投機的な原油の高騰に始まり、ガソリン価格の上昇によってマイカー離れが起こった。しかし、その後、ガソリン価格が急速に安定すると、年末にはアメリカのリーマン・ブラザースの経営破綻による景気低迷が世界に伝播《でんぱ》し、景気回復に向かっていた日本経済は大きな打撃を受けた。

続いて二〇〇九年には新型インフルエンザの流行による旅行の手控え、三月に始まったETC設置普通車に対する高速道路の土休日一〇〇〇円の上限料金の実施で、全国の鉄道、フェリー、高速バスが大きく収益を減らすことになった。

JR九州の鉄道事業も定期外旅客が減少。鉄道運輸収入では定期外旅客収入が九億円減少、定期旅客収入で三億円の増収があったため、差し引き六億円が減収額となる。船舶事業もこの時期は苦戦した。

新燃岳の噴火と九州をも襲った東日本大震災の影響

二〇一一年一月一九日に前年から火山活動が続いていた宮崎県の新燃岳が噴火、都城盆地から宮崎平野を中心に火山灰が降り注いだ。鉄道は運行を取りやめ、高速道路も閉鎖された。

海外からの旅行者が急増していた時期でもあり、需要の増加を期待していた鉄道会社にとっては水を差されたかたちとなった。

さらに同年三月一一日には東日本大震災が発生し、東日本一帯で旅行需要が低迷したばかりでなく、全国的に旅行を楽しむ雰囲気ではなく、旅行市場を冷え込ませた。

また、九州は台風の通り道であり、しかも初めて上陸する土地で、大きな勢力を維持したまま通過するため、被害も大きい。それに近年の異常気象によって異常な降雨が襲うケースが増えている。

二〇一二年七月一一日から九州北部を豪雨が襲い、一四日には九州新幹線博多－熊本間をはじめ、鹿児島本線、佐世保線、筑肥線、指宿枕崎線を除くJR九州の各路線が運行を中止した。日豊本線立野－緒方間と久大本線うきは－夜明間、日田彦山線添田－夜明間の被害は甚大で、長期間の運休を余儀なくされた。

そのため、七月二八日からの夏休み中に豊肥本線を運行できない「あそぼーい！」を鹿児島本線、肥薩線の博多－人吉間に一往復運転した。

特急、ローカル列車とも増発（二〇〇八年三月一五日全国ダイヤ改正）

山陽新幹線区間で時速三〇〇㎞で運行可能なN700系が増加してきたことから、二〇〇八年三月一五日の全国ダイヤ改正に合わせて博多、小倉発着時間が大幅に変更となった。

それにともなって九州内の特急も接続調整の時刻修正が行われた。

また、鹿児島本線では夜間の博多発門司港行き特急「きらめき」一本が増発となったほか、通勤時間帯の特急「有明」が増結されて混雑緩和が図られた。熊本地区でも水前寺発着の特急「有明」一往復が光の森まで延伸された。

長崎本線では朝の諫早発長崎行き区間特急「かもめ」の運転区間を博多－長崎間に延伸。夜間の長崎発博多行き「かもめ」一本を増発した。

日豊本線では早朝と夜間に博多－大分間「ソニック」を各一本増発。夜間時間帯の博多－柳ヶ浦間区間特急「ソニック１０１、１０４号」を大分に延伸。宮崎空港発小倉行き特急「にちりん26号」の運転区間を博多まで延伸して「ソニック62号」とした。

福北都市圏をはじめ、九州の各地でローカル列車の増発や運転区間の延長が行われた。九州新幹線全線開業を控えて積極的な事業展開が見られた時期であった。

鹿児島本線博多地区では夕方の快速の運転区間を延伸したほか、運転時間帯を拡大。夕方の荒木始発の上り快速一本を荒尾始発に運転区間を延伸した。昼間は快速の増結と二日市折り返し電車の原田までの延伸、大牟田駅折り返し電車の荒尾までの延伸などが行われるとともに、小倉発下関行きの最終列車一本を増発した。

ローカル線では日田彦山線で昼間の添田発着列車を彦山まで延伸。佐世保線で朝の通勤時間に普通一本を増発するとともに、大村線で長崎－佐世保間の快速「シーサイドライナー」のスピードアップを実施した。日豊本線の大分地区では大分駅23時22分着の「ソニック57号」に接続する日豊本線、豊肥本線、久大本線の最終列車各一本を増発した。

また、鹿児島本線鹿児島地区では土休日の肥薩おれんじ鉄道直通快速熊本－出水間二往復、八代・出水－鹿児島中央間二往復の直通快速を増発した。

三月一五日には日田彦山線に歓遊舎《かんゆうしゃ》ひこさん駅を開業した。同じ名称の道の駅の脇に位置し、歓遊舎には「こどもわくわくパーク」が付設されている。

この年の七月一九日には「ソニック」に使用している五両編成の883系電車に中間車サハ883形1000番台（アルミ車）二両三組を新造して組み込み、七両編成とした。ステンレス車の中間にアルミ車が二両挟まれている。


ブルートレインの全廃（二〇〇九年三月一四日ダイヤ改正）

二〇〇九年三月一四日のダイヤ改正で寝台特急「富士」「はやぶさ」が廃止され、九州発着の寝台特急が全廃となった。

また、朝夕通勤時間に延岡－宮崎間特急「ひゅうが1、6号」一往復、土休日の朝の門司港－博多間特急「きらめき3号」一本を増発。福北ゆたか線では直方－博多間の特急「かいおう」の運行時間を通勤、通学に便利な時間に変更した。

鹿児島本線の福北都市圏ではＪＲ東日本から415系電車500番台ロングシート電車四両編成二本を購入して小倉から博多方面の混雑列車の編成両数の増加を図った。

福北ゆたか線では朝の通勤時間帯の博多方面の列車の増発と増結を行うとともに、快速の停車パターンを統一した。

長崎地区では朝と深夜に諫早－長崎間で増発、熊本地区では朝通勤時間帯に熊本－植木《うえき》間、肥後大津－熊本間で増発を行った。

鹿児島本線にしばしぶ、広木《ひろき》、久留米高校前の三駅を新設した。

観光列車については「あそBOY」の58654は台枠の破損によって運転を休止。再起が危ぶまれたが、大がかりな工事の末に肥薩線開業一〇〇年にあたる二〇〇九年四月二五日に鹿児島本線熊本－肥薩線人吉間で「SL人吉」として運転を開始した。SL運転開始に合わせて人吉駅のリニューアルを実施した。二〇〇九年一〇月一〇日には日南線での観光特急「海幸山幸《うみさちやまさち》」（土休日）の運転を開始した。災害で廃止した高千穂鉄道からレトロ調のトロッコ気動車二両を購入してキハ125形400番台とした。地元の飫肥杉《おびすぎ》の持ち味を生かした内外装が特徴である。

日豊本線では二〇〇八年八月に大分駅付近の高架化工事が進捗し、八月には久大本線と豊肥本線が高架線に移った。二〇〇九年三月一四日に日豊本線の中津－柳ヶ浦間をワンマン化。続いて一〇月一日にはワンマン区間に城野－中津間、佐伯－延岡間が追加され、小倉－城野間はもともと日田彦山線のワンマン列車が運行していたため、小倉－延岡間でワンマン運転がつながったかたちである。このワンマン運転には南福岡車両センターに８１３系電車１１００番台三両編成九本を新造（二〇〇九年九月）したほか、８１３系１０００番台三両編成三本を改造した。

新幹線全線開業直前に行われた施策

二〇〇九年度には九州新幹線の全線開業用新８００系六両編成一本と前記の日豊本線ワンマン化用の８１３系１１００番台二七両、大分鉄道事業部向けキハ２２０形２００番台三両、長崎運輸センター向けキハ２２０形２００番台二両を新造。ほかにＪＲ東日本から４１５系電車１５００番台（ステンレス、ロングシート）四両を購入した。

二〇一〇年三月一三日に鹿児島本線に新宮中央《しんぐうちゅうおう》、神村学園前《かみむらがくえんまえ》の二駅を新設した。神村学園駅は地元請願駅で、同学園が建設費の全額を負担した。

二〇一〇年度には鹿児島本線の福間駅と筑豊本線の直方駅が橋上駅化された。直方駅は歴史のある外観で、とくに車寄せに特徴があった。解体した部材は直方市が保存している。また、交通結節点事業として新水前寺駅の駅舎を改築し、市電や路線バスとの乗り換えの利便性の改善を図った。二〇一一年四月に完成した。

九州新幹線博多－新八代間の開業（二〇一一年三月一二日ダイヤ改正）

九州新幹線鹿児島ルートが全線開業して山陽新幹線との直通運転を開始した。JR九州とJR西日本の車両が相互直通運転をする。

直通列車は速達タイプの「みずほ」が四往復、熊本－鹿児島中央間を各駅に停車する「さくら」が一一往復である。九州新幹線区間では博多－鹿児島中央間に「さくら」がおおむね一時間に二本、博多－熊本間は各駅停車の「つばめ」を毎時一本設定した。

JR九州は新たに新幹線九二両を新造したが、そのうち一二両が新800系六両編成二本で、そのほか、山陽新幹線に直通するためにN700系八両編成一〇本を投入した。

鹿児島本線門司港－博多－新八代間の「リレーつばめ」は役目を終えて全廃。鹿児島本線の新幹線並行区間では特急「有明」を通勤時間帯に博多－長洲《ながす》間下り三本、上り二本、早朝と深夜に博多－熊本間で上下各一本を引き続き運行した。また、並行区間から外れる門司港－博多間では「リレーつばめ」「有明」と同じ本数だけ特急「きらめき」を増発した。そのほかに休日には門司港発博多行き「きらめき１０３号」を増発した。

「リレーつばめ」用の７８７系電車はほかの線区の増発にあてられたほか、４８５系電車を置き換え、二〇一一年度には４８５系三六両を廃車にした。

　特急「かもめ」「みどり」は博多－肥前山口間をすべて単独運転としたことで、博多－肥前山口間は特急がおおむね毎時三本となった。また、博多－長崎間の７８３系電車「かもめ」をすべて７８７系に置き換え、午前中に佐賀発博多行き区間特急「かもめ」を一本増発。一方で昼間に博多－長崎間で一往復を廃止した。

　日豊本線では「ドリームにちりん」の大分－延岡間を廃止して博多－大分間を「ソニック」に、延岡－南宮崎（宮崎空港）間を「ひゅうが」に統合。特急「きりしま」を宮崎－鹿児島中央間で二往復増発して一〇往復にするとともに、最速で四分短縮の一時間五九分にスピードアップした。

「リレーつばめ」の廃止によって余剰となった７８７系を転用して宮崎、鹿児島地区で運用していた485系のすべてを置き換えた。従来、特急形車両を使用して通勤時間に運転していた宮崎、鹿児島地区の「ライナー」は、使用車両が787系に変更となったのに合わせて鹿児島本線の川内－西鹿児島間は特急「川内エクスプレス」を新設。日豊本線の鹿児島地区と宮崎地区は特急「きりしま」「ひゅうが」に統合された。

豊肥本線では「九州横断特急」のうち二往復の運転区間を熊本までとし、熊本－人吉間は別に特急「くまがわ」が増発された。

九州新幹線全線開業に合わせて観光列車の拡充が行われ、物語性を持たせたデザインで装飾した列車という意味でデザイン&ストーリー列車（D&S Train）と総称することになる。指宿枕崎線（鹿児島中央－指宿間）にはキハ47形を改造して特急「指宿のたまて箱」一日三往復の運転を開始。従来の特別快速「なのはなDX」は廃止され、専用車両の黄色いキハ200系は一般の車両に戻された。また豊肥本線熊本－宮地間では六月四日からキハ183系1000番台を改装して「あそぼーい！」土休日一日二往復の運転が始められ、それと入れ替わりに「あそ1962」は運行を終了した。また、三角線ではキハ185系気動車を改造して一〇月八日から特急「A列車で行こう」の運転（土休日）を開始した。「指宿のたまて箱」が停車する喜入、指宿駅、「あそぼーい！」が停車する阿蘇駅と沿線の西大山駅《にしおおやま》が改装された。「A列車で行こう」の終点、三角は天草《あまくさ》諸島への船便の発着地であり「あまくさいすみ線」の別称がつけられているが、それまではローカル列車だけで、観光路線としては注目されていなかった。「A列車で行こう」の運転開始に合わせて、三角駅を大規模にリニューアルした。

鹿児島本線の福岡都市圏では、九州新幹線全線開業に合わせて昼間二日市折り返しの快速を荒尾まで延長して筑後船小屋《ふなごや》にも停車することになる。また、福工大前と二日市では快速と普通の緩急接続が行われた。

鳥栖、佐賀地区では朝の通勤時間帯に佐賀から博多方面の直通列車（鳥栖から快速）を設定。熊本地区では快速を鹿児島本線大牟田－熊本間、豊肥本線熊本－肥後大津間に新設した。

さらに、長崎本線の肥前麓《ふもと》－鳥栖間に新幹線駅を併設した新鳥栖《しんとす》駅を新設。そのほか、熊本市南《みなみ》区に鹿児島本線富合《とみあい》駅を新設した。

「スーパー特急方式」からフル規格に昇格した九州新幹線

船小屋（現・筑後船小屋）－新八代間は既着工の新八代－西鹿児島間と同じスーパー特

急方式が採用され、博多－西鹿児島間を一時間五〇分に短縮することになるという計画であった。

途中駅は当初は新大牟田《しんおおむた》と熊本の二駅で、のちに新玉名《しんたまな》駅を追加した。建設費は三七一二億円（車両費を除く）で、認可の日からおおむね二〇年で完成するとした。なお、車両基地の建設費として別に一二三億円を計画した。

沿線の期待の高まりから、既成事実をつくるという意味合いで、一九九五年五月三一日に熊本駅の駅部について先行着工する。

船小屋－新八代間は一九九六年一二月に政府与党合意で新規着工三線三区間が合意を見たが、予算案の作成の過程で橋本《はしもと》内閣が財政再建を優先し、最終的に見送られた。その後、熾烈《しれつ》な政治的な駆け引きがあって、一九九八年一月に船小屋－新八代間についてスーパー特急方式での優先着工が決定した。

続いて一九九八年二月三日に船小屋－新八代間の暫定整備計画を決定、三月一二日に工事実施計画の認可を得るとともに、同年一〇月一三日には既着工区間（新八代－西鹿児島間）の工事区間の終端を八代から新八代に変更する工事実施計画の変更認可を取得した。

二〇〇〇年一二月に政府与党申し合わせで博多－船小屋間の新規着工が決まり、二〇〇一年度当初予算に工事費が盛り込まれた。同時に、すでに工事が進められていた船小屋―西鹿児島間についてもフル規格への変更を決定した。もともとスーパー特急といっても、建設される施設は新幹線と同じ規格であるため、工事に影響するものではなかった。なし崩し的に建設規格がフル規格に落着したことになる。

また、山陽新幹線が博多まで開業した際にJR西日本の車両基地が博多駅から九・二㎞南方に設置されたが、この回送線を使って一九九〇年四月一日に車両基地内に博多南駅《はかたみなみ》を設置して博多駅とのあいだの博多南線の旅客営業を開始した。在来線の扱いで、博多南駅は二〇一〇年三月末まではJR九州に業務が委託されていた。のちにこの回送線は九州新幹線の本線に転用されたが、JR西日本とJR九州の両者が第一種鉄道事業として共用するかたちとなっている。

全線開業により航空から新幹線に需要がシフト

南側から建設が始まった九州新幹線が博多までの延伸を確実にしたのは一九九九年八月二〇日の第一八回整備新幹線建設促進協議会であった。九州新幹線博多―船小屋間を早期着工して七年以内に完成することで合意した。翌月には与党建設見直し案が示され、博多

－船小屋信号所間のフル規格での早期着工によって博多－西鹿児島間全線を今後おおむね一〇年間でフル規格で整備すること、新八代－西鹿児島間は二〇〇三年末に開業させ、とりあえずスーパー特急方式で暫定開業することとした。また、長崎ルートの分岐点として新鳥栖駅を設置すること、長崎ルートはスーパー特急で整備し、フリーゲージトレインが実用化した場合にはこれの活用を検討することとした。

一九九九年一二月一六日に連立に公明党が加わって自自公三党による「整備新幹線の取り扱いについて」として正式に決定。二〇〇〇年一二月一八日の政府与党申し合わせで新八代－西鹿児島間をフル規格に変更して二〇〇三年末に完成させ、博多－船小屋間をフル規格で着工のうえ、博多－新八代間を今後おおむね一二年後の完成を目指すとした。また、未着工の長崎ルート武雄温泉－長崎間の工事実施計画の認可申請を行うことも確認した。

沿線自治体が陳情活動を展開した結果、全線フル規格整備が決定したが、運行主体となるJR九州の希望とも合致していた。

最大の競争相手となる航空機は鹿児島空港－福岡空港間を四〇分で結んでいる。鹿児島空港が市街地から若干離れていてバスで一時間の距離にあるため、都心間では二時間程度ということになる。

従来の特急「つばめ」は航空便を利用するのに比べて倍の所要時間であるため、競争するにもかなりのハンディを持っていた。それに三時間を超える鉄道利用は苦痛の限界を超えて耐えがたい。当時、福岡市・博多－鹿児島間の鉄道のシェアが六であるのに対して、航空機のシェアは四と比較的大きかった。

スーパー特急の一時間五〇分でようやく航空機と対等の競争が可能となり、フル規格新幹線の六四分（実際には最速七七分）では圧倒的に有利に競争できることになる。さらに西鹿児島から広島まで二時間強、新大阪まで三時間二〇分あまりでたどり着けることになり、鉄道利用が見込めなかった長距離帯の流動までも鉄道に取り込むことができるため、JR九州にとってもフル規格でのメリットは大きかった。

また、九州新幹線は設計最高時速を時速二六〇㎞と設定しているが、当時JR九州は車両性能でカバーして時速三〇〇㎞を目指すとしていた。

そして二〇〇一年四月二五日に新八代－西鹿児島間、博多－新八代間のフル規格化に関する工事実施計画の追加認可を受け、六月二日に博多－船小屋信号所間を着工した。この時点では、二〇一二年の開業を予定していたが、これを二、三年前倒しすることも想定された。

結局、計画より二年早い二〇一一年三月一二日に博多－新八代間は開業した。東日本大震災の翌日であり、祝賀ムードは慎まなければならない雰囲気が蔓延《まんえん》していた。

さらに進む「新幹線シフト」ダイヤ（二〇一二年三月一七日ダイヤ改正）

九州新幹線は利用が好調な山陽新幹線への直通列車を大幅に拡充した。九州新幹線内の列車を山陽新幹線の列車につないで設定したもので、速達の「みずほ」は一往復増の五往復に、鹿児島中央－熊本間を各駅に停車する「さくら」が七往復増の一八往復となった。

在来線では大分駅付近の高架工事の進捗に合わせて「ゆふ」「ゆふいんの森」を大分－別府間に延長。「ソニック」と「にちりん」の乗り換えを大分駅の同一ホームの対面に統一した。

地域列車については鹿児島本線の博多地区に817系電車3000番台三両編成五本を新造投入して早朝から朝の通勤時間帯にかけて大牟田方面の快速を二本増発するなど混雑緩和を図った。

福北ゆたか線では始発と最終の新幹線と接続する普通列車を篠栗線に一往復増発。直方車両センターに817系2000番台二両編成六本が新造されたが、これは鹿児島地区の

717系電車の取り換えが目的の車両で、直方から在来の1000番台二両編成五本を鹿児島総合車両所に転用して鹿児島の717系二両編成四本を廃車にした。そのほか、二両編成一本を熊本車両センターに転用した。

また、筑肥線では、始発の新幹線に接続する筑前前原－福岡空港間の普通列車を新たに設定。

豊肥本線の熊本地区では、深夜帯の熊本－肥後大津間の普通列車を増発、延長して新幹線との接続の改善を図った。

口蹄疫被害をバックアップした宮崎・鹿児島支援キャンペーン

営業面では「つばめ2枚きっぷ」「2枚きっぷ、4枚きっぷ」などの主力商品に加えてシニア向けの「アクティブ65」、高速道路料金割引への対抗商品の「ゲキ☆ヤス土日乗り放題きっぷ」の販売に力を入れた。

二〇〇八年度には主要市場である韓国からの来訪者が減少。二〇〇八年一月には韓国観光客をターゲットに「JR九州レールパス」北部九州エリア版を設定した。

二〇一〇年度下期には宮崎県で口蹄疫《こうていえき》が流行して観光客の落ち込みが見られたため、

ＪＲ九州は宮崎・鹿児島支援キャンペーンを実施。二〇一一年一〇月から一二月まで熊本・宮崎・鹿児島デスティネーションキャンペーン（ＪＲと自治体が行う観光キャンペーン）が実施された。

二〇一〇年には中国上海《シャンハイ》で万博が開催され、関連の海外商品の売上が伸びた。

二〇一一年三月に九州新幹線鹿児島ルート全線開業に合わせて各駅停車タイプの「つばめ」の利用促進を図るため、「ビックリつばめ2枚きっぷ」を発売した。博多－熊本間往復七〇〇〇円のところ、ＪＲ博多シティの「アミュプラザ博多」のショッピングチケット一五〇〇円分の引換券とセットで五五〇〇円とした。当初は二〇一一年六月から八月の約一カ月間の設定であったが、その後、二回延長して二〇一二年三月まで発売した。

ＮＨＫ大河ドラマでは二〇〇八年「篤姫《あつひめ》」、二〇一〇年「龍馬伝《りょうまでん》」と九州にゆかりのあるテーマが続けて放送されたため、関連する地区での観光需要が旺盛であった。

また、二〇一三年三月から期間限定で「アラウンド九州きっぷ」を発売した。連続する三日間、九州新幹線と特急の自由席の乗り降り自由のきっぷで、グリーン車指定席や普通車指定席は六回まで利用できる。

ＩＣ乗車券「SUGOCA」の導入

二〇〇九年三月にＪＲ九州はＩＣ乗車券「SUGOCA」を導入した。ＪＲ東日本によるSuicaの導入以降、SONYのfelica方式が国内の交通系ＩＣ乗車券として普及することになった。九州では西鉄が二〇〇八年に「nimoca」、福岡市交通局が二〇〇九年に「はやかけん」のサービスを開始し、二〇一〇年三月には相互利用が可能となった。また、「SUGOCA」と連携したクレジットカード「ＪＱカード」を発行し、オートチャージや買い物利用で便利に利用できるようになる。ＪＱカードは新規発行半年目の二〇一一年一〇月末日に会員数が一九万人を数えた。

鉄道との共存に活路を見いだす高速バス事業

ＪＲ九州バスは二〇〇八年度から「安全とサービスを基盤として地域とともに発展するＪＲ九州バス」をキャッチフレーズに中期経営計画「ADVANCE '12」を実行した。高速バスを中心に収益部門を拡大し、経営が厳しい一般乗合バスについては国庫補助を申請する。また、貸切の営業力を強化して収支の改善を図るとした。

二〇一〇年度には契約社員の正社員化を実施したが、まず「Ｂ＆Ｓみやざき」の乗務員で先行採用したため、人件費が増加した。

二〇一一年三月一二日の九州新幹線鹿児島ルートの開業に合わせてJR九州バス、宮崎交通、九州産交バスは新八代－宮崎間に連絡バス「B&Sみやざき」一日一六往復の運行を開始した。五時間かかる日豊本線経由に代わって博多との最短ルートとなった。博多－宮崎間を三時間で結ぶが、新幹線の乗車時間は最短四九分でしかないのに、バスは二時間五分を要する。

一般の路線バスでは二〇〇七年三月末に大分支店を廃止、七月三一日には北薩線の一部を廃止（廃止日は八月一日）した。二〇〇七年度は福岡県、鹿児島県のほか佐賀県でも補助金を申請した。

高速バスでは二〇〇七年七月一日に福岡－宮崎線（フェニックス号）と福岡－鹿児島線（桜島号）について、バスロケーションシステムを使って鳥栖ジャンクション近くの「高速基山バス停」で系統間の乗り換えの社会実験を開始した。結果が良好であったため、九月以降も継続した。

高速バスは運賃の安さから広範囲の年齢層に支持されているが、とくに学生の利用が顕著である。二〇〇七年度「フェニックス号」福岡－宮崎間はツアーバスの拡大によって利用者が前年比で九二％に減少したため、週末のツアーバスの運行時間帯に学生を対象とした「学割フェニックス」不定期便三往復の運行を開始した。翌年七月にはこの「学割フェニックス」を定期便化し、全乗客を割引対象とした「皆割フェニックス」とした。

福岡－鹿児島間「桜島号」は、二〇〇七年三月に渋滞対策で経路を変更して下伊敷《しもいしき》バス停を新設。二〇〇七年四月一日には福岡－山口線「福岡・山口ライナー」を山口大学経由に変更するとともに、山口から萩《はぎ》、秋芳洞《あきよしどう》方面の路線バスとの乗り継ぎ割引きっぷを設定した。

二〇一一年四月一三日に西鉄、宮崎交通、九州産交バスで共同運行していた福岡・宮崎線「フェニックス」からJR九州バスは脱退し、新たに単独で「高速バスたいよう」の運行を開始した。割引運賃の「特割4枚きっぷ」を発行し、同年一二月からはインターネットでの座席の予約を開始した。しかし、二〇一一年一月の新燃岳の噴火によって福岡・宮崎線の利用が低迷したことから、二〇一二年四月には再び「フェニックス」の共同運行に戻ることになる。

西日本JRバスと共同運行する福岡・大阪線「山陽道昼特急博多号」は二〇一一年三月三一日かぎりで運行を休止した。西鉄と阪急観光バスが運行する高速バス「ムーンライト」に対抗し、ムーンライトが一万円のところ、JRバスは七〇〇〇円の割安な運賃を設定していた。

JR九州バスは片道運賃の約半額で利用できる「早期購入割引」(早売)を実施。二〇〇八年八月一〇日～一〇月三一日のあいだは福岡－防府《ほうふ》・徳山・光線、続いて時期をずらして九月一九日～翌年一月三一日は福岡－広島線、一二月七日～翌年一月三一日は福岡－山口線で実施した。その後も継続して発売している。二〇一〇年度には福岡－鹿児島線に営業割引制度「席割」を導入した。

二〇一二年の段階でのJR九州バスの割引運賃は、福岡・宮崎線「前売り」二五〇〇～三五〇〇円、福岡・鹿児島線「席割」二六五〇円、福岡・山口線「早売」一五四〇円、福岡・広島線「早売」二〇〇〇円、福岡・徳山・光線「早売」一七五〇円の五路線である。

九州には高速バスと一般路線バスが乗り放題の「SUNQパス」が発行されている。当初は二〇〇五年三月一日に九州内の一一事業者が組織した「九州高速バス予約システム運営委員会」が発行主体となっていた。発売開始時点では北部九州の高速バス三一路線のみ乗り放題とされた。その後、翌年四月に全九州版が加わると同時に、発行主体がSUNQパス運営委員会に代わった。従来のものは北部九州版に変更され、路線バスも乗り放題となった。いずれも三日間有効。

さらに二〇〇八年六月一日には北部九州と全九州に下関地区が加わるとともに、沿岸四航路にも適用され、全九州＋下関版には四日間有効のバリエーションが加わった。

二〇〇七年度からは全九州版の韓国国内での販売を開始した。

桜島定期観光バスは二〇〇八年のNHK大河ドラマ「篤姫」の効果で同年度後期の利用が好調であったが、二〇〇九年度には反動で減少した。二〇一〇年四月に観光コースの見直しを行ったが、二〇一一年度は九州新幹線の全線開業によって再び利用者が増加した。

「冬のソナタ」効果が続かなかった船舶事業

「ビートル」の利用者数は二〇〇一年に日本人客が減少に転じ、二〇〇四年の「冬のソナタ」ブームで一時的に増加したが、その後も減少傾向は変わらなかった。二〇〇一年の時点では訪日観光客が増加していたが、やはり二〇〇四年をピークに減少に転じた。

その後、二〇一〇年に韓国のLCCエアプサンが釜山－関空間、釜山－福岡間に就航したが、韓国国鉄の高速鉄道KTXがソウル－釜山間で運行を開始して二時間一八分で結び、日本からソウルへの観光ルートとしても「ビートル」の魅力が高まることになった。しかし、依然として日本人の利用が減少していった。

そのような状況のなかで、韓国人客の取り込みを目指して二〇一一年一一月一日に釜山—対馬（比田勝《ひたかつ》）間の航路を新設した。

さらなる拡充が進む博多駅ビル

博多駅ビルは二〇〇七年度に解体を完了し、二〇〇八年には本格的に新駅ビルの工事に着手した。新駅ビルは延べ床面積約二〇万㎡、地下三階、地上一〇階、塔屋一階である。

旧駅ビルには地元デパートの博多井筒屋《いづつや》がテナントとして営業を行っていた。博多井筒屋は再建後の入居を希望したが条件が折り合わず、最終的に阪急百貨店に決定した。

また、この年には博多駅東側の筑紫口《ちくしぐち》の駅前に「エキサイド博多」を開業した。新幹線ホームの上にはJR西日本のオフィスビルである新幹線博多ビルが建ち、ホームの下層階にはJR九州が商業施設「博多デイトス」を運営している。この博多デイトスの東側にエキサイド博多が建っていて、二階の連絡通路でつながっているという構造である。

二〇一一年三月三日に博多駅ビルはJR博多シティとして開業した。阪急百貨店、東《とう》急《きゅう》ハンズ、アミュプラザ博多が営業し、上層階にはシネマコンプレックス「T・ジョイ」

や展望レストラン「シティダイニングくうてん」があるほか、「九州大学サテライトキャンパス」「エフエム福岡サテライトスタジオ」が入居している。

新博多駅ビルの完成に先立って二〇〇九年一〇月に駅構内の商業施設「博多デイトス」をリニューアルオープンした。

新博多駅ビルはJR九州が保有し、株式会社JR博多シティが管理する。この建物のなかでJR博多シティが運営する専門店街が「アミュプラザ博多」である。博多駅の新幹線高架下にも「アミュエスト」がある。

「アミュプラザ」はJR九州の駅ビル内の商業施設の総称となり、一九九八年三月に「アミュプラザ小倉」、二〇〇〇年九月に「アミュプラザ長崎」、二〇〇四年九月に「アミュプラザ鹿児島」が開業している。

また、より小規模な駅構内の商業施設である「フレスタ」は二〇一一年三月一一日に「フレスタくるめ」と「フレスタ熊本（西口）」を新設。二〇一一年度には既存の「宮崎フレスタ」と「フレスタSASEBO」のリニューアルを実施した。

そのほか、二〇〇八年三月に鹿児島本線八幡駅の駅ビルが開業。JR九州子会社のドラッグイレブンやトランドールが入居。二〇一〇年二月には二階建ての「福間駅ビル」を開業。コンビニエンスストア「am/pm」、パン店「トランドール」などの商業施設のほか、福津市子育ち・子育て応援施設「エンゼルスポット」が入居している。

八〇棟を超えた「RJR」「MJR」ブランドのマンション

ＪＲ九州は賃貸マンションの「ＲＪＲ」、分譲マンションの「ＭＪＲ」ブランドによって九州の各地でマンション開発を進めた。

賃貸マンションでは二〇〇六年三月に佐世保市の「ＲＪＲ佐世保」、二〇〇八年一一月に長崎市の「ＲＪＲプレシア三芳町《みよしまち》」、二〇一〇年三月に福岡市の「ＲＪＲプレシア薬院《やくいん》」、二〇一一年二月に福岡市の「ＲＪＲプレシア吉塚駅前」「ＲＪＲプレシア南福岡」、二〇一二年一月に鹿児島市の「ＲＪＲプレシア鹿児島中央駅前」などを開業。これで「ＲＪＲプレシア」ブランドのマンションは二〇棟目となる。

ＪＲ九州は分譲マンションでは二〇〇九年にマンション供給戸数で福岡圏第一位となり、翌年には九州エリア第一位に躍進した。

たとえば二〇〇七年六月に太宰府《だざいふ》市の「ＭＪＲ太宰府」、二〇〇八年度に福岡市の「ＭＪＲ西新南」、福岡県糟屋《かすや》郡粕屋《かすや》町の「ＭＪＲ原町《はるまち》駅前」、二〇〇九年九月に福岡市中央区の「ＭＪＲ桜坂《さくらざか》二丁目」、二〇一〇年一一月に福岡県糟屋郡新宮町《しんぐう》の「ＭＪＲ新宮中央駅前」を販売開始し、これで六三棟目となった。二〇一〇年一〇月に長崎市の「ＭＪＲ浦上グリーン＆タワーズ」、二〇一一年度に鹿児島市の「ＭＪＲ城西《じょうせい》サウステラス」、長崎市の「ＭＪＲ出島ベイサイドタワー」の販売開始と続いた。

ＪＲ九州は駅上空や自社用地を有効活用してメゾネットタイプの低層賃貸住宅「Casa JR」ブランドを新しく立ち上げ、二〇〇六年三月に「Casa JR 箱崎《はこざき》」「Casa JR 箱崎Ⅱ」を開業している。

社宅跡地を再開発した「アクロスプラザいとうづ」

ＪＲ九州が所有している、戦前に小倉到津《いとうづ》球場があった到津社宅跡地について、大和《だいわ》ハウスグループの大和情報が商業施設「アクロスプラザいとうづ」を開発し、二〇一二年二月にキーテナントとしてスーパーマーケットの「アルク」が出店した。ＪＲ九州は地権者としての地位にとどまり、開発にはかかわっていない。

ブランドの確立が実現したホテル事業

ＪＲ九州は一九九五年に「ハウステンボスジェイアール全日空ホテル」を開業して以降、九つのホテルと旅館を事業展開していた。小倉、福岡、長崎、熊本、鹿児島などの九州の主要都市のホテルはいずれも高い稼働率が続いており、多くの宿泊者に支持されるホテルブランドに成長した。

鉄道弘済会が所有する「小倉ＫＳビル」で「小倉ステーションホテル」が営業していたが、築四一年で老朽化しているため、ビジネスホテルに建て替える計画を持っていた。そこでＪＲ九州は鉄道弘済会と協議して建て替えられる建物を二〇年間賃貸することにして、二〇〇七年九月に本格的シティホテルとして「ＪＲ九州ホテル小倉」を開業した。運営はＪＲ九州都市開発。また、二〇一一年七月には「ＪＲ九州ホテル福岡」をリニューアルして「ＪＲ九州ホテルブラッサム福岡」としてリオープンした。続いて二〇一二年四月には「ハウステンボスジェイアール全日空ホテル」は、国際ホテルチェーンの「オークラホテルズ&リゾーツ」に加盟し、「ホテルオークラＪＲハウステンボス」に名称を変更した。

二〇一〇年三月には「ＪＲ九州ホテル鹿児島北館」が開業し、既存施設と併せて客室数は二七三に増加。二〇一一年一一月には宮崎駅西口に大型複合ビルを建設し、そのテナントとして「ＪＲ九州ホテル宮崎」を開業した。

躍進する関連事業の数々

九州から沖縄県にかけて店舗展開する「ドラッグイレブンホールディングス」はもともと独立した地元資本の経営であった。経営難から投資ファンドが株式を買収して再建を進めたが、二〇〇七年五月にＪＲ九州が、その投資ファンドから株式を買い取って八八・四％出資の子会社とした。ロードサイドなど街ナカに店舗を持っていたが、ＪＲ九州グループに入ってからは駅構内の商業施設にも出店する例が増えていった。

また、農業部門にも積極的に展開し、二〇一〇年四月には農業生産法人「ＪＲ九州ファーム大分」を設立して大分市でニラの栽培を開始、翌年の七月からは大分県臼杵市で甘夏《あまなつ》の栽培を行った。八月には福岡県飯塚市にＪＲ九州たまごファームを設立。一一月にはＪＲ九州鉄道営業も農業に参入し、熊本県玉名《たまな》市でミディトマトの栽培を開始した。

二〇一〇年九月には中国・上海における外食事業の本格展開のため、グループ会社の「ジェイアール九州フードサービス株式会社」と共同で現地法人を設立。二〇一一年度内に一号店を開業した。

第一〇章

上場へ向けた事業の再編——二〇一一～二〇一六年

中期経営計画「つくる2016」

二〇一二年度から中期経営計画「つくる2016」が始まる。三つのキーワード「あるべき姿」「いきざま」「おこない」を取り上げ、「あるべき姿」とは「安全とサービスを基盤として九州、日本、そしてアジアの元気をつくる企業グループ」の実現に向けて挑戦し続ける。「いきざま」とは、「誠実」「成長と進化」「地域を元気に」を社員一人ひとりがよりどころとする。「おこない」は5S（整理、整頓、清掃、清潔、躾《しつけ》）が社員が体現すべきものというもの。

特徴は伸び盛りのアジア諸国に目を向けていること、グループ会社の活動を通じて「地域を元気に」することを掲げていることである。この長期計画のなかでタイでの事業を開拓するとともに、街ナカでの地域開発やマンション建設に取り組み、またコンビニやドラッグストアなどの商業施設の開発を進めていくことになる。

さらに、延びのびになっている株式の上昇を実現するために上場基準を満たす必要があるという認識のもと、二〇一六年度の連結売上高を二〇一一年度の一〇％を超える三七〇〇億円を実現すること、連結売上高経常利益率八％、連結経常利益三〇〇億円を目標とした。そのために鉄道運輸収入は現状維持するとして、鉄道運輸収入以外の二〇％の成長を実現し、連結売上高に占める鉄道運輸収入以外の比率を六〇%以上に高める必要があるとする。

このころ再度の経営支援策として鉄道・運輸機構に対する経営安定基金の一部を貸し付けていたが、再び償還が進むために、この自主運用分の運用益を高める工夫《くふう》が必要となる。そこでJR九州はインカム性資産中心の運用、すなわち余剰資金で事業用資産を調達して事業収益で運用益を出していくことを説明した。

同時に社内に中期計画の達成度合いを監視する第三者委員会を設置して中期計画の達成を確実にすることで、二〇一六年度を目標に経営自立を図るとした。

さらに二〇一四年度には目標達成のためにコスト削減を推進するとして「さがせ百万円、みつけろ十万円プロジェクト」を展開した。これらの施策の一環として注目されるのは、鉄道事業で列車の運行本数の削減やワンマン化が推進されることになったことである。

「節電ダイヤ」と九州北部豪雨被害

二〇一一年三月一一日の東日本大震災とそれに続く福島第一原子力発電所の事故によって全国の原子力発電所の運転が停止し、電力不足が深刻化した。そのため、大都市の鉄道では節電ダイヤが組まれたが、ＪＲ九州も平日の昼間の運行を減便する節電ダイヤが実施され、小倉－博多間の特急「きらめき」三往復と福岡－二日市間の普通列車一一本を運休するとともに、門司港－久留米間の普通列車九本の編成両数を削減し、延べ六三両を三二両とした。

二〇一二年七月一二日から一四日にかけて発生した九州北部豪雨では久大本線筑後吉井－日田間二一・二㎞で路盤が流出するとともに橋脚の沈下があった。また、豊肥本線では肥後大津－緒方間七七・七㎞で、広範囲に線路内土砂流入、橋梁の損傷、線路流出が発生した。

久大本線は七月二七日に夜明－日田間、八月二五日にうきは－夜明間を復旧して全区間で通常運転に戻った。

豊肥本線では七月二四日に肥後大津－立野間、八月二〇日に豊後竹田－緒方間、九月三日に立野－宮地間を復旧した。残る宮地－豊後竹田間三四・六㎞は崩落したトンネルの復旧に時間を要することから、当初は二〇一三年八月末の復旧を見込んでいたが、最終的に八月四日に前倒しとなり、始発から普通列車と特急「九州横断特急」（別府－熊本－人吉間）の運行を再開した。不通区間には代行バスが運行された。

都市部の増強とローカル線のテコ入れ（二〇一三年三月一六日ダイヤ改正）

新幹線ではN７００形八両編成一本を増備して広島発着の山陽・九州新幹線直通「さくら」を新設した。その一方で、利用が少ない博多－熊本間「さくら」四本を廃止した。

在来線の特急では土休日に運転している観光列車キハ１８５系「Ａ列車で行こう」を一往復増発して三往復に、指宿枕崎線の特急「指宿のたまて箱」の運転時分を見直して景勝地での徐行運転を実施した。

在来線では鹿児島本線の博多地区に８１７系電車３０００番台（ロングシート）三両編成五本を新造投入して朝夕時間帯の列車に増結した。

福北ゆたか線でも８１７系２０００番台（ロングシート）二両編成一本を新造して直方車両センターに配置し、早朝と朝の通勤時間に直方－博多間で普通一往復を増発した。

そのほか、熊本地区では夕方の通勤時間帯に鹿児島本線熊本－八代間に普通列車一本を増発。豊肥本線熊本－肥後大津間で朝の通勤時間に増発し、快速「豊肥ライナー」を普通列車に置き換えて間隔の均等化を図った。

輸送力増強の一方で、筑肥線唐津－伊万里間と日豊本線中津－大分間で列車本数の見直しを行った。

クルーズトレイン「ななつ星in九州」の登場

二〇一三年一〇月一五日にはクルーズトレイン「ななつ星in九州」の運行を開始した。従来の観光列車のコンセプトをいっそう際立たせたかたちの豪華な列車である。定期列車として運行するのではなく、JR九州が三泊四日ないし一泊二日のツアーを企画して販売した。車内で宿泊するほか、ホテルや高級旅館での宿泊がツアーに組み込まれることもある。その高額のツアー料金に注目されたが、それでもなかなか購入できないほどの人気が続いている。

「ななつ星」のネーミングは九州に沖縄を除いて七県あることと、「自然」「食」「温泉」「歴史」「文化」「パワースポット」「人情」の七つのキーワードでツアーが構成されていることを意味している。

車両は77系客車で七両、牽引する機関車はJR貨物DF200形と同型一両を新造した。

特急の増強と普通列車の削減（二〇一四年三月一五日ダイヤ改正）

九州新幹線は山陽新幹線から熊本や鹿児島中央への速達列車の需要が大きいため、「さくら」一往復を、熊本-鹿児島中央間を通過する速達型の「みずほ」に変更するとともに、利用が少ない博多－熊本間「さくら」九本、「つばめ」三本を廃止した。また、利用の週間波動に合わせた曜日別のダイヤを充実させた。

在来線特急では利用が少ない時間帯の特急「有明」二本とデータイムの特急「きらめき」六本を削減した。

一方、混雑緩和と利便性向上のために区間特急「佐賀かもめ」一往復を増発。787系電車で運転する「かもめ」「みどり」「有明2号」「きらめき1、6、20、21号」について六両編成を七両編成に増強。783系電車の「みどり1、10号」は四両編成を五両編成に変更した。

このダイヤ改正では福岡、北九州地区の大都市圏でも在来線の普通列車の本数の削減が行われたのが特徴である。鹿児島本線福間－二日市間でデータイムの本数が見直された。一方で九州大学の移設によって利用客が増加した筑肥線九大学研都市駅の利便性向上のため、平日朝の通勤時間帯に増発するとともに、休日の快速が九大学研都市駅に停車した。なお、長崎新幹線の建設のため長崎車両センターが廃止され、新たに早岐駅に佐世保車両センターが新設された。

二〇一三年は急行形電車を改造した717系電車二両編成四本を廃車とした。鹿児島地区で運用されていたが、ワンマン機器を設置せず、817系電車ワンマン車に置き換えられた。717系は急行形の二ドアの中間に両開きドアを設置した900番台と、両開き二扉の車体を新造した200番台がある。

二〇一四年一二月中に筑肥線では金曜日の深夜に臨時列車を運行した。福岡空港23時40分発の姪浜行きを筑前前原まで延長、福岡空港0時31分発の筑前前原行きと筑前前原0時19分発の福岡空港行きを増発した。

また、筑肥線には二〇一四年一二月に新型電車305系六両編成二本、二〇一五年の二月から三月にかけてを四本を新造投入して103系電車六両編成を置き換えた。

「JRおおいたシティ」開業で列車も増発（二〇一五年三月一四日ダイヤ改正）

九州新幹線では利用が多い金曜日と土休日を中心に臨時「さくら」「つばめ」、週明けに熊本発博多行き臨時「つばめ」を運転した。

福北ゆたか線では大分車両センターから直方車両センターに813系電車1000番台三両編成二本を転用して平日朝の直方発博多行き快速を増発するほか、博多－直方間の快速を増結。柚須《ゆす》駅にすべての快速を停車。また、休日ダイヤを設定して、輸送力を適正化した。

日豊本線など大分地区ではJRおおいたシティの開業に合わせて各路線で普通列車を増発した。817系電車3000番台三両編成二本を南福岡に新造配置し、南福岡から大分車両センターに415系電車を転用した。

さらに、二〇一五年度には第三セクター「豊肥高速鉄道保有株式会社」が保有していた815系電車八両を買い取ったほか、103系電車二七両、485系電車四両、キハ66系二両、717系電車四両を廃車した。

二〇一五年夏に新しいD&S列車 JRKYUSHU SWEET TRAIN「或る列車」二両編成の運行を開始した。この年は夏には久大本線の大分－日田間、秋には大村線佐世保－長崎間を運行した。金曜日と土休日を中心に一往復するが、ツアー企画として運行する。キハ47形二両を大幅に改造し、豪華な雰囲気のレストラン車両キロシ47形に変身した。横浜市の原鉄道模型博物館を開設した故・原信太郎《のぶたろう》氏が愛した幻の客車「或る列車」の模型をもとに原鉄道模型博物館副館長・原健人氏の監修によってドーンデザイン研究所の水戸岡鋭治氏がデザイン。テーブル席、二名個室、厨房《ちゅうぼう》、サービスカウンターが配置されている。基本プランは二万円以上する。

二〇一五年夏（七月一八日から）には特急「ゆふいんの森1、2、5、6号」に一両増結して五両編成とした。これによって定員六〇名が増えた。特急「ゆふいんの森3、4号」は従来どおり四両編成である。

ローカル特急のさらなる増強（二〇一六年三月二六日ダイヤ改正）

九州新幹線は新幹線定期券「エクセルパス」の利用増にともなって朝の通勤、通学時間帯の輸送力を増強したほか、週末の臨時「さくら」「つばめ」を運転した。

在来線特急では利用が増えている久大本線と豊肥本線について、特急「九州横断特急」を毎日三両編成の運転に、特急「ゆふ」を可能なかぎり四両編成での運転とした。

肥薩線の観光列車「いさぶろう1号」「しんぺい4号」を特急に格上げして運転区間を熊本－吉松間に延長した。それと入れ替わりに特急「くまがわ」と「九州横断特急」の熊本－人吉間が廃止された。その代わりにこの区間に快速が設定された。

新駅の設置と駅のリニューアル

二〇一五年三月に上熊本《かみくまもと》駅の高架化が完成し、駅施設は高架下に収容された。旧駅舎は一九一三年に建設された雰囲気のある建物であったため、駅舎のファサードのみ市電の電停に移設して保存されている。

二〇一六年三月二六日に指宿枕崎線谷山《たにやま》地区連続立体交差が完成して谷山駅と慈眼寺《じげんじ》駅が高架駅に変わった。併せて谷山駅は慈眼寺駅方向に一〇〇m移動したが、運賃キロ程が変わったため、谷山－神村学園前間が一〇〇円値上げとなった。また同日、鹿児島本線に西熊本駅が開業した。熊本市からの請願駅で、整備費一二億五〇〇〇万円は全額熊本市が負担した。

香椎線では駅業務の効率化のため新たに二〇一五年三月一四日からSmart Support Stationの使用を開始した。駅の券売機や精算機にカメラとインターフォンを組み込み、センターに係員がスタンバイし、必要な場合に発券や精算を遠隔操作するというANSWER（ANytime Support With Expert Response）システムである。

ホームからの転落防止のため、二〇一七年秋から筑肥線九大学研都市駅でホームドアの実証試験を開始した。可動部分をパイプにした軽量型で、ホームの補強工事や設置工事が最小限に抑えられるという利点がある。

ある。

世代別きっぷの強化とインバウンドへの対応

ＪＲ九州は需要の取りこぼしがないよう、多様な割引乗車券を発売しているのも特徴である。

二〇一四年一〇月一四日から九州各地から新神戸《しんこうべ》と新大阪までの新幹線普通車指定席（往復）のインターネット予約限定の「スーパー早特《はやとく》きっぷ」を発売した。博多－新大阪間が通常一万五三一〇円のところ、一万二九〇〇円となる。

九州内だけのインターネット予約限定の割引きっぷとして「九州ネット早特」、列車を限定して割引をする「つばめ限定！九州ネット早特」がある。予約時期が早いほど割引率が高くなる。

二〇一六年度には「九州ファミリーネット早特」を新規に設定した。大人と子ども用を同時に予約し、同時に利用する場合に使用できる。インターネット予約限定で、席数も制限がある。

また、ＪＲ九州は二〇一六年七月一日から五〇歳以上の女性と六〇歳以上の男性を対象とした「自由時間クラブ」の募集を開始した。入会金と年会費は無料で、会員限定のおトクな乗り放題きっぷや期間限定の割引きっぷを購入できる。

「自由時間クラブ」の利用者を対象に、七月一日からＪＲ九州の九州新幹線、特急、快速・普通列車が三日間乗り放題の「ハローー！自由時間パス」全九州用一万六〇〇〇円、北九州用八五〇〇円を発売したほか、従来のＪＲ九州ジパング倶楽部《くらぶ》（女性六〇歳以上、男性六五歳以上を対象とする会員割引）会員限定の「自由時間割引」を開始した。インターネット列車予約でＪＲ九州の二〇一㎞以上を片道または往復利用する場合に運賃や料金を三〇％割引するというもの。

「ハローー！自由時間パス」の購入者と同一行程で移動する子どもには七月一日～八月三一日に「孫たびパス」（子ども用）を発売した。二〇一七年には「夏のキッズパス」と名称を変えて七月一日～八月三一日の期間限定で発売した。北九州版が三〇〇〇円、全九州版が五〇〇〇円である。

これにともない、二〇一六年六月三〇日をもって六五歳以上を対象とした乗り放題きっぷの「アクティブ65」の発売を終了した。

二〇一七年一〇月一日から新たにインターネット予約の「ハローー！自由時間ネットパス」が発売され、北部九州版が八二〇〇円、全九州版が一万五五〇〇円とそれぞれ三〇〇円、五〇〇円の値下げ。通常の「ハローー！自由時間パス」は北部九州版が九〇〇〇円、全九州版が一万七〇〇〇円で、それぞれ五〇〇〇円、一〇〇〇円の値上げとなった。

二〇一六年六月一日から「ガチきっぷ」を発売した。大学生を中心に、乗車日基準で一八歳から二四歳までを対象に片道から利用できる割引きっぷである。たとえば福岡市内－熊本間は九州新幹線自由席で四四％引きの二五七〇円、福岡市内－長崎間は特急自由席で四一％割引の二四五〇円と割引率が大きい。

また、インバウンド旅行者を対象に「JAPAN RAIL PASS」の九州版「JR-KYUSHU RAIL PASS」を発売している。二〇一二年四月にはJR西日本とJR四国のエリア（北陸は除く）でも利用できる「JR Sanyo-Shikoku-Kyushu RAIL PASS」を新規に発売した。

「インターネット限定運賃」でテコ入れを図る船舶事業

「ビートル」の二〇一五年度のゴールデンウィークの乗船客は一万四一二六人で、日本人六三五〇人に対して韓国人七三四八人であった。運航開始から長く日本人が圧倒的に多数であったが、韓国人の利用者が増えたということはあるが、それより日本人の利用が減った結果、比率が逆転したかたちである。

そこでJR九州高速船株式会社と釜山観光公社は「日本人観光客誘致促進事業に係る協

定」を結び、二〇一四年七月二三日に博多港国際ターミナルの三階会議室で締結式が開かれた。

釜山ガイドブック「ＢＢＢ」を発行するとともに、ホームページ「BBB2315.net（プサンイコウネット）」を開設して韓国旅行の需要喚起を図った。

二〇一四年一〇月二〇日に新たにインターネット限定運賃「BEETLE スペシャル」を発売した。いずれも乗船三日前までの予約で、「スペシャル４」は払い戻しなしの一四日間有効で往復四九〇〇円、「スペシャル７」は払戻手数料五〇〇〇円、一四日有効で往復七九〇〇円、「スペシャル11」払戻手数料五〇〇〇円、一カ月有効で往復一万一九〇〇円、「スペシャル16」予約変更可能払戻手数料五〇〇〇円、一カ月有効で往復一万六九〇〇円、「スペシャル８」払戻手数料二五〇〇円で片道八〇〇〇円、「スペシャル９」予約変更可能払戻手数料二五〇〇円で片道九〇〇〇円のバリエーションがある。別に燃料サーチャージが加算される。

韓国からの観光客が増加して対馬までは年間二〇万人を数えるまでになったが、さらにキリスト教会など歴史遺産が多い平戸への韓国観光客の誘致のために二〇一五年九月八日、一一月三〜四日に「ビートル」を平戸‐釜山間と博多‐平戸間で臨時運航した。船は朝に博多を出港して一時間二〇分で平戸に到着。客を入れ替え、平戸を11時に出航して三時間一〇分で釜山に到着する。そのほかに単純に博多－平戸間を一往復する日もある。

韓国未来高速と、福岡－釜山航路は二〇〇六年四月から、対馬－釜山航路は二〇一三年四月から業務提携を結んでいたが、これが終了した。

東九州道の開通で変貌を遂げる高速バス事業

JR九州バス、宮崎交通、大分バス、大分交通、亀の井バスは二〇一五年三月二一日に東九州《ひがしきゅうしゅう》自動車道蒲江《かまえ》インターチェンジ－佐伯インターチェンジ間が開通したのにともなって共同で宮崎・延岡－大分・別府線の運行を開始した。宮交《みやこう》シティバスセンター－山形屋《やまかたや》・カリーノ宮崎前－延岡IC－大分トキハ前－大分新川《しんかわ》（－別府北浜《きたはま》、別府発着便のみ）間を一日に六往復運転する。

また、二〇一五年春には高速バス北九州－別府・大分線で西鉄北九州、大分交通、大分バス、亀の井バスとの共同運行を開始した。小倉駅前－大分トキハ前間を一日九往復する。

運賃制度でも工夫《くふう》があった。曜日や便によって運賃を変えて収入の最大化を目指すカレンダー別運賃を導入した、宮崎－大分・別府間が二八〇〇～三五〇〇円、延岡－大分・別

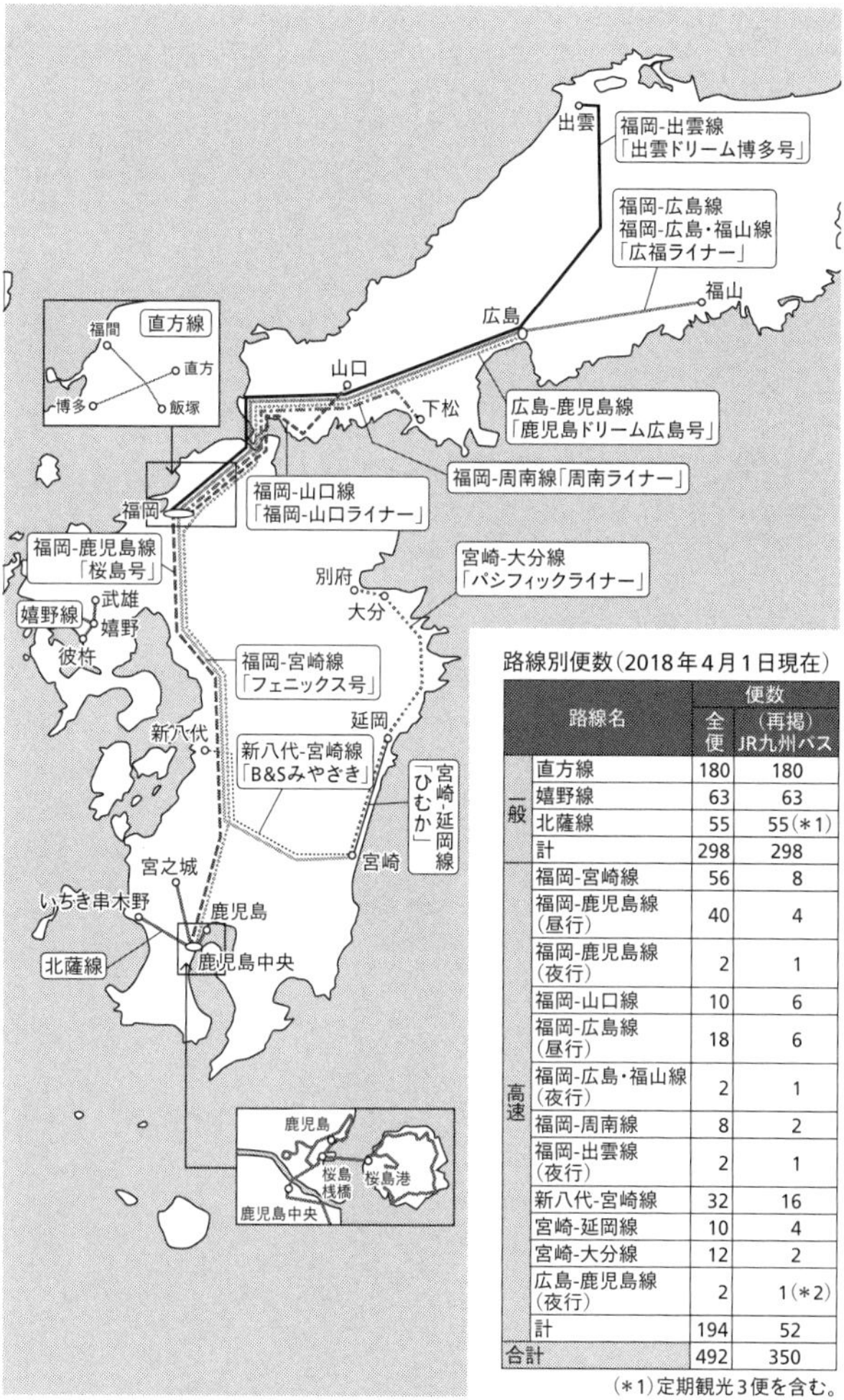

路線別便数（2018年4月1日現在）

	路線名	便数 全便	便数 （再掲）JR九州バス
一般	直方線	180	180
	嬉野線	63	63
	北薩線	55	55（＊1）
	計	298	298
高速	福岡-宮崎線	56	8
	福岡-鹿児島線（昼行）	40	4
	福岡-鹿児島線（夜行）	2	1
	福岡-山口線	10	6
	福岡-広島線（昼行）	18	6
	福岡-広島・福山線（夜行）	2	1
	福岡-周南線	8	2
	福岡-出雲線（夜行）	2	1
	新八代-宮崎線	32	16
	宮崎-延岡線	10	4
	宮崎-大分線	12	2
	広島-鹿児島線（夜行）	2	1（＊2）
	計	194	52
合計		492	350

（＊1）定期観光3便を含む。
（＊2）季節運行

図表19　東九州道開通後のJR九州バスの高速路線網
出典：JR九州「FACT SHEETS 2018」

府間は一六〇〇～二〇〇〇円で変動する。

熊本進出を果たした「SUGOCA」

電子マネーとして買い物にも使えるIC乗車券のSUGOCAは当初、福岡県と佐賀県の一部で始まったが、順次適用地域を拡大した。ただし地域間の利用はできない。二〇一二年一二月に大分、熊本地区、二〇一五年一一月に宮崎地区に導入。JR九州以外でも二〇一五年一〇月に北九州モノレールがSUGOCAを採用してmonoSUGOCAを発売した。

その後、ハウスカードの「JQ CARD」と一体化したカードも発行され、電子マネーとしての利用も拡大していった。二〇一五年一二月一〇日に電子マネーの加盟店が二万店を超えて二万〇〇一〇店となった。

二〇一五年四月一日に国、熊本県、熊本市による支援事業のもとで「熊本地域振興カード」、通称「くまモンカード」が発行された。これはfericaの非接触式ICカードで、二〇一六年三月二三日からはJR九州と連携して「くまモンカード」の対象地域で「SUGOCA」が使えることになる。

二〇一六年三月二三日には熊本電気鉄道の鉄道線を含む熊本県内の路線バスで

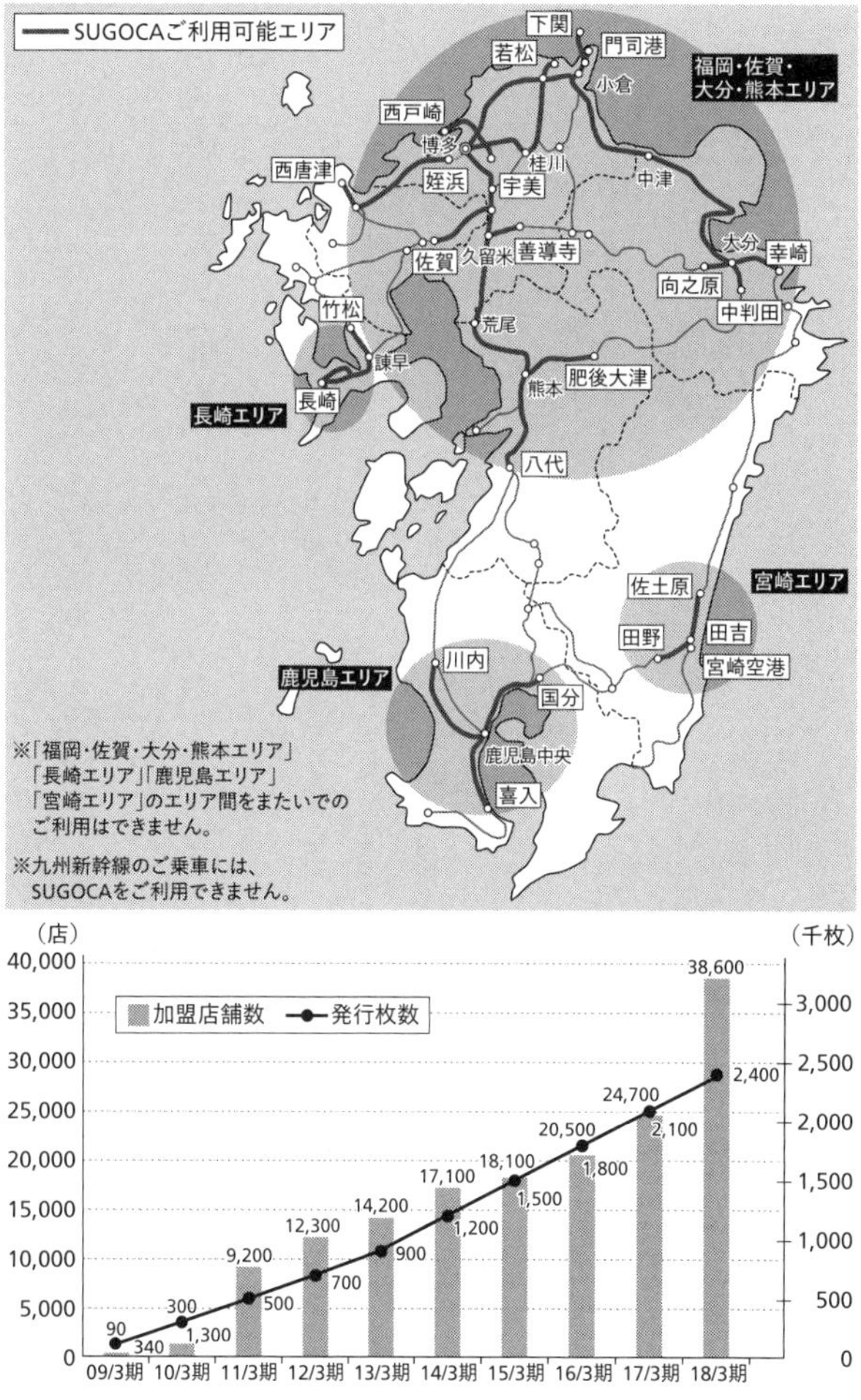

図表20　JR九州グループのICカード事業エリアと
電子マネー加盟店舗数及びSUGOCA発行枚数の推移
出典：JR九州「FACT SHEETS 2018」

「SUGOCA」などの交通系IC乗車券が使えるようになった。九州産交バス、産交バス、熊本電気鉄道（電車、バス）、熊本都市バス、阿蘇くまもと空港リムジンバスが対象である。

好評を博した駅ビル内のショッピングモール「アミュプラザ」

駅ビルで営業するショッピングモールとしてJR九州グループが経営しているのが「アミュプラザ」である。一九九八年三月に小倉駅で整備したのに続いて二〇〇〇年九月に長崎、二〇〇四年九月に鹿児島、二〇一一年三月に博多で開業した。

博多駅ビルの博多シティには百貨店として阪急百貨店、都市型ホームセンターの「東急ハンズ」がテナントとして営業しているが、この博多シティに専門店街としてアミュプラザを出店している。いずれも商業施設である点は共通しているが、それぞれ業態を異にしており、買い物にアミューズメントの要素を加える意欲的な取り組みである。

駅ビル各社の売上高は二〇一四年度でアミュプラザ小倉が一二〇億円、入館者数は一三四八万人、アミュプラザ長崎は売上高一九四億円、入館者数一一〇〇万人、鹿児島ターミナルビルのアミュプラザ鹿児島は売上高二四六億円、入館者数一五六三万人を数えた。長崎は開業以来の売上高で、鹿児島は五年連続で過去記録を更新していた。駅ビルの売上高だけでなく、年間一〇〇〇万人を超える入館者数は鉄道の旅客輸送に少なからず影響を与えることになった。

二〇一五年度は、アミュプラザ長崎は売上高二〇〇億円、入館者数一一四〇万人、アミュプラザおおいたは売上高二二四億円、入館者数二四二〇万人を数え、大分周辺の各路線では買い物客のために列車の増発が行われたほどである。

もともと大分駅では駅付近の連続立体交差事業で高架化工事が進められたが、同時に駅ビルの建設に着手した。

二〇一二年三月にまず商業施設「豊後にわさき市場」と複合立体駐車場を開業。続いて二〇一五年四月には大分駅ビル「JRおおいたシティ」を開業した。駅ビルには商業施設の「アミュプラザおおいた」、JR九州ホテル「ブラッサム大分」、温浴施設「シティスパてんくう」が出店するほか、大分県立美術館（OPAM）が開設されている。また、屋上には水戸岡鋭治氏がデザインした「シティ屋上ひろば」がある。

これに先立って、二〇一四年一〇月一日に大分ターミナルビル株式会社を株式会社JR大分シティに社名を変更した。

また、博多駅の脇に博多郵便局が立地していた。福岡都市圏の地域統括局としての役割を担うほかに、九州での鉄道郵便の拠点でもあった。

日本郵便はこの博多駅前の一等地に新たな商業ビルの「KITTE博多」を建設して二〇一六年春にオープンした。延べ床面積六万四〇〇〇㎡、地下三階、地上一一階である。

また、博多郵便局の西隣にJR九州が所有する博多ビルがあったが、これを博多駅や博多郵便局と一体性を持たせて開発することにして、JR九州と日本郵便の共同事業とした。敷地面積約三三五〇㎡、延べ床面積約四万四〇〇〇㎡、地下二階、地上一二階、塔屋一階で、二〇一三年五月九日の金曜日に完全祈願祭を開催して工事に着手した。

新博多ビルは「KITTE博多」と同時に二〇一六年春に開業して「JRJP博多ビル」の名称がつく。地下と地上下層部には商業施設が入るが、三〜一二階はオフィスビルで、三階には在福岡タイ王国総領事館が入居。管理運営はJR九州ビルマネジメントが担当し、一階には日本郵便とゆうちょ銀行が入居している。

駅構内の商業施設「えきマチ1丁目」の拡充

二〇一四年九月二六日に鹿児島中央駅のアミュプラザ鹿児島に新たに「プレミアム館」を開業した。東急ハンズやハンズカフェなど一九店舗が出店する。また、併せて本館も約四分の一をリニューアルして「SHIBUYA KAGOSHIMA」として開業した。その際、JR九州はプレミアム乗車券として『アミュ鹿児島「プレミアム館」開業記念ネットきっぷ』の販売を行った（発売期間九月一日～一〇月一二日）。五〇〇〇円分の買い物券つきで、「九州ネットきっぷ」の値段で発売された。出水－鹿児島中央間三一九〇円、川内－鹿児島中央間一七九〇円、宮崎－鹿児島中央間二五七〇円、都城－鹿児島中央間一九五〇円。

また、駅ビルなど商業施設を運営するJR九州ビルマネジメントは二〇一四年一〇月一四日から一六駅に設置された駅ビルのブランド名を「フレスタ」「ミュー」から「えきマチ1丁目」に変えた。

大都市周辺駅でも駅構内の商業施設として「えきマチ1丁目」の開発を行い、二〇一六年三月二四日に鹿児島本線吉塚駅に「えきマチ1丁目吉塚駅」、同年一二月一一日には上熊本駅の高架下を中心に一部二階建ての「えきマチ1丁目上熊本」を開業した。ここには子会社のJR九州ドラッグイレブンが経営するドラッグストアが出店している。

また、筑肥線姪浜駅の旧「姪浜デイトス」をリニューアルし、二〇一四年七月一日に「えきマチ1丁目姪浜」として開業した。

駅ナカを飛び出して街ナカ、ロードサイドにも進出

ＪＲ九州は鉄道用地の再開発や駅ナカ開発にとどまらず、積極的に街ナカ、ロードサイドへの事業展開を進めた。鉄道事業自体の拡大に物理的な限界があるため、経営を自立させて株式を上場するには鉄道以外の事業分野を開発する必要があった。それも鉄道駅での開発だけでは十分ではなく、ディベロッパーとして新しい事業に参入することになる。

福岡市中央区の六本松《ろっぽんまつ》では九州大学の移転によって広大な開発用地が生み出された。ＵＲ都市再生機構がこの土地を購入し、造成して「青陵《せいりょう》の街」と名づけた。南側は裁判所、検察庁、弁護士会館の建物を建設するが、北側は民間開発用地として開発事業者を公募することになった。これにＪＲ九州が応募して落札を勝ち取ったのであった。

ＪＲ九州はＵＲ都市機構の土地に建物を建設し、基本的に東西二つの部分、西街区は分譲マンション「ＭＪＲ六本松」と東街区は住宅型有料老人ホーム「ＳＪＲ六本松」と福岡市の「福岡市青少年科学館」、九州大学「法科大学院」を整備した。

西街区は二〇一五年三月に工事に着手して二〇一五年五月下旬から販売を開始、二〇一七年三月下旬に引き渡しを行った。東街区は二〇一五年秋に工事に着手して二〇一七年に開業した。そして東西両方の下層階には商業施設の「六本松４２１」が二〇一七年一〇月

に開業した。

ＪＲ九州は鹿児島本線鹿児島中央－郡元《こおりもと》間の上荒田《うえあらた》に所在した事業用地を活用してロードサイド型商業施設を開発。二〇一六年三月に「マックスバリュ上荒田店」「ドラッグイレブン上荒田店」「キャンドゥ鹿児島上荒田店」がオープンした。また、賃貸マンション「ＲＪＲ上荒田」、分譲マンション「ＭＪＲザ・ガーデン鹿児島中央」を建設した。

さらに、ＪＲ九州住宅株式会社は二〇〇九年三月一四日に福岡県古賀市に新設された「ししぶ」駅から徒歩六分の位置に建て売り分譲住宅「ジェイフォレスト古賀・新宮」を開発し、二〇一四年九月一三日に街開きをした。開発面積三万一〇九二・五二㎡、九二区画である。

進化するマンション事業と有料老人ホーム事業

ＪＲ九州グループはＭＪＲブランドで分譲マンションを福岡都市圏、長崎市、大分市、熊本市、鹿児島市など九州全域で開発を行っている。この時期、ＪＲの駅前では吉塚駅前、大分駅前、新宮中央駅前で新規の分譲マンションが完成した。

なお、新宮中央駅の駅周辺にはＭＪＲ新宮中央のＷ棟、Ｅ棟と賃貸マンションの

「ＲＪＲプレシア新宮中央駅前」（二〇一五年一月オープン）が並んでいる。この一、二階部分には商業施設が設けられている。

二〇一四年には福岡市博多区住吉《すみよし》二丁目の約一四九〇㎡の土地を取得して一四階建て賃貸マンション「ＲＪＲプレシア博多楽水園《らくすいえん》」を建設した。全部で七八戸で、二〇一六年春に開業した。

有料老人ホーム事業では二〇一六年春に大分駅前に「ＳＪＲ大分」（地上八階）を完成し、八月一五日に入居を開始した。

学童保育事業「Kids JR」への進出

ＪＲ九州は新たな学童保育事業に参入し、二〇一五年二月に福岡市営地下鉄空港線藤崎《ふじさき》駅徒歩一二分に「Kids JR 高取《たかとり》」を開設した。小学一～六年生を対象として「Kids JR」の会員を募集した。施設運営については民間学童保育施設事業最大手の東急グループの株式会社キッズベースキャンプの協力を得た。

ついに新宿と那覇に進出したホテル事業

ＪＲ九州グループのＪＲ九州ホテルズは東京と大阪などで新規ホテルの開発を進め、二〇一四年八月八日に「ＪＲ九州ブラッサム新宿《しんじゅく》」をオープンした。ＪＲ新宿駅南口から徒歩三分、地上一六階、地下一階、客室二四〇室である。館内にはＪＲ九州グループのレストラン「赤坂うまや新宿」が出店した。

また、大分駅では二〇一五年四月に「ＪＲ九州ホテルブラッサム大分」が開業、ＪＲおおいたシティ（駅ビル）の八～一八階で、客室数は一九〇である。

さらに二〇一七年六月には那覇《なは》市牧志《まきし》（沖縄都市モノレール美栄橋《みえばし》駅から徒歩五分）に「ＪＲ九州ホテルブラッサム那覇」を開業した。運営はＪＲ九州ホテルズが担当するが、土地建物は現地のオリオンビールが所有する。

農業生産法人「ＪＲ九州ファーム株式会社」の可能性

ＪＲ九州ドラッグイレブンはこの時期、強気の店舗開発を続け、九州内だけでなく沖縄県内にも出店した。また、調剤薬局を置く「ドラッグイレブン薬局」の読谷《よみたん》店、ファミリーマートとドラッグイレブンを併設する志免店が新設されたほか、二〇一五年四月にはアミュプラザおおいた内にベビー・キッズ用品の「BABY ELEVEN」を開店し、新しいバリエーションが加わった。

同じく物販系の子会社ＪＲ九州リテールでは二〇一五年七月にＪＲ小倉駅にお土産専門店「小倉銘品蔵《めいひんぐら》」をオープン、同じ日に博多駅地下街でも「ユニクロ博多口地下街店」の営業を開始した。

また、製造直売を行うＪＲ九州フードサービスでは二〇一四年七月一五日に赤坂Ｂｉｚタワー（ＴＢＳ）に「赤坂うまや うちのたまご直売所」を開店したが、これは「うちのたまご直売所」三号店となる。たまごかけごはん五五〇円、たまご丼五五〇円、親子丼七五〇円（税込）などのメニューがある。

二〇一四年一二月には中国の上海に進出、Shanghai Arch Walk内で「うまやの麺麺麺」の営業を開始した。運営するのはＪＲ九州が七四・五％、ＪＲ九州フードサービスが二五・五％を出資する上海ＪＲ餐飲《さんいん》管理有限公司（二〇一〇年九月二七日設立）である。翌年五月四日には上海での外食五店舗目として、「赤坂うまや上海環球金融中心《ワールドフィナンシャルセンター》店」を開設している。

製造、販売のグループ会社に農業生産法人「ＪＲ九州ファーム株式会社」がある。二〇一四年七月一日「JR九州たまごファーム」「JR九州ファーム宮崎」「JR九州鉄道営業」を「JR九州ファーム大分」に統合したうえで、「JR九州ファーム」に社名を変更した。

農産物の生産と販売、食料品の製造、加工、販売などを行っているが、生産している農場は九州各地に点在し、ニラは大分県大分市、甘夏とさつまいもは大分県臼杵市、たまごは福岡県飯塚市、トマトは熊本県玉名市、ネーブルなど柑橘《かんきつ》類は熊本市宇土市、ピーマンは宮崎県児湯《にゆ》郡新富町など。二〇一五年八月からは福岡県糸島《いとしま》農場でキャベツ、レタス、大根、人参《にんじん》の生産を開始した。

これらの作物を使って「地産地消」を売りに販売しているのが「八百屋の九《きゆう》ちゃん」である。二〇一五年五月一五日に千早駅東口すぐの場所に開店した。二〇一六年三月下旬には吉塚駅と博多駅（アミュプラザ博多B1F）にも出店している。

株式会社おおやま夢工房は地元の会社を発行株式の七二・二％を取得して子会社化したもので、農産物の生産と加工のほか、飲食店、宿泊事業、温泉浴場施設を経営して日田市から公共施設の管理を受託している。JR九州にとっては同社の梅酒の製造、販売と温泉旅館が海外からの観光客を受け入れるための食材、宿泊施設として魅力を感じた。

第一一章　株式上場でＪＲ九州は何が変わったのか

——二〇一六～二〇一八年

「JR九州グループ中期経営計画2016−2018」

二〇一六年一〇月にJR九州は念願の株式の上場を実現することになる。

従来は国が全株式を持つことで支援が提供される一方で、いろいろな制約があった。株式の上場によって国が全持ち株を売却することで、経営の自立性が確保されることになると考えられていた。

前中期計画の「つくる2016」は二〇一六年度を最終年度としていたが、二〇一六年四月一日に「旅客鉄道株式会社及び日本貨物鉄道株式会社に関する法律の一部を改正する法律」の施行で損益の状況に大幅な変更を生じるため、JR九州は二〇一六年五月二〇日に二〇一六年度を初年度とする新しい中期計画を策定することを発表した。

前回計画に対して残された課題は、多発する災害への対応として二〇一六〜二〇一八年度には特別損失に災害復旧費一四三億円を計上する見込みであること、設備や車両の老朽化への対応、税制特別措置法廃止、減価償却費の増加への対応である。

そのうえで三つの重点戦略「すべての事業の根幹である強靭《きょうじん》な鉄道づくり」「九州における積極的なまちづくり」「新たな事業と九州外エリアへの挑戦」を掲げた。

鉄道についてはインターネット販売の拡大と省エネ車両（DENCHAなど）の導入、

Smart Support Station の拡大である。また、街づくりについては「ＪＲＪＰ博多ビル」および「六本松４２１」の開業をはじめとして駅ビル、分譲マンション、賃貸マンション、ホテルの建設を進めるという。さらに新規事業としてはキャタピラー九州の連結子会社化、九州外エリアへの挑戦ではタイでの事業展開が挙げられる。

設備投資額はグループ全体で一九〇〇億円を計画し、そのうち鉄道事業における安全投資六五〇億円、成長事業に対する投資八〇〇億円を計画。

新中期計画では二〇一八年度末の数値目標として営業収益四〇〇〇億円、EBITDA（会社が自由に使える資金）七八〇億円を目指す。

二〇一七年一〇月にＪＲ九州はキャタピラー九州の株式を買収して子会社化した。同社はアメリカの建設機械大手のキャタピラー社が子会社として一九六五年に設立した。これを事業分割して新しくキャタピラー九州を設立して旧社はウエストホールディングスに社名を変更、この新しいキャタピラー九州の全株を買収したもの。同社の子会社である農業事業を経営する「愛菜ファーム」も株式取得の協議をしている。

二〇一八年七月一日にＪＲ九州メンテナンスを分割して車両整備とビル設備管理をケイ・エス・ケイ（承継会社）と合併したＪＲ九州エンジニアリングに、ＪＲ九州メンテナンス（存続会社）の残りの事業である駅、車両、ビルの清掃をJR九州鉄道営業と合併してJR九州サービスサポートとした。

地元自治体との関係の強化にも取り組み、二〇二二年度を予定している九州新幹線長崎ルートの開業効果を高めるために、二〇一六年八月一六日にJR九州は佐賀県と包括的連携協定を締結。八月三一日には長崎県とも同様の協定を締結した。

また、二〇一六年四月の熊本地震によって阿蘇カルデラの縁にあたる立野峡谷では想像を絶する土砂崩れにあい、国道五七号線とJR豊肥本線が不通のままである。二〇一八年一二月五日にJR九州は阿蘇市、竹田市と「JR豊肥本線を活用した観光振興のための協定」を締結。協力して豊肥本線の利用促進の取り組みを行うことになる。沿線は「阿蘇くじゅう国立公園」に位置し、二〇一九年ラグビーワールドカップ、二〇二〇年東京オリンピック・パラリンピックでのインバウンド旅行者の増加が見込まれ、いかにこの観光需要を取り込むかが課題となる。

二〇一七年四月一日には制服が新しくなった。ロウタスインターナショナルがデザインを担当し、嶋崎《しまざき》隆一郎《りゅういちろう》氏がクリエイティブディレクターを務めた。また、水戸岡鋭治氏がトータルアドバイザーとして全体のとりまとめを行った。

水害による「ゆふいんの森」のルート変更

久大本線が水害によって橋梁が流出したため、二〇一七年七月一五日から特急「ゆふいんの森」を日豊本線小倉－大分経由での運行とした。博多発8時45分由布院行き「ゆふいんの森91号」、折り返し由布院発14時45分博多行き「ゆふいんの森92号」が毎日運転、博多発11時由布院行き「ゆふいんの森93号」、由布院発17時06分博多行き「ゆふいんの森94号」が土休日運転。また、特急「ゆふ」は七月二四日から大分－日田間を二往復運転した。

これに合わせて別府－由布院間特急指定席を乗り降り自由の「GO！GO！おんせん県おおいたきっぷ」が発売された。福岡市内発八五〇〇円、北九州市内発八三〇〇円で、対象エリアで使える一〇〇〇円分の引換券がつく。

「若松線」に蓄電池電車が登場（二〇一七年三月四日ダイヤ改正）

九州新幹線は前年四月の熊本地震の影響によって熊本－新八代間で徐行運転をしていたが、所定の速度に戻った。「みずほ」と「つばめ」の博多駅での接続が改善して新大阪や博多での滞在時間を拡大した。

平日の朝夕の通勤需要に対応するために一部の「さくら」「つばめ」の指定席一両を自

由席に変更したほか、観光やビジネス客が速達列車への指向が強いため、鹿児島中央－新大阪間に臨時「みずほ」を運転した。

在来線では筑豊本線に初めて架線式蓄電池電車ＢＥＣ８１９系「DENCHA」（Dual Energy Charge Train）が導入された。バッテリーが積まれていて、電化区間で充電し、非電化区間ではこの電力を使って走行する。筑豊本線は折尾を境に南側は電化されて鹿児島本線に直通しているが、北側は非電化で別名「若松線」と呼ばれ、若松間－折尾間を中心に運転していた。蓄電池式電車の投入によって昼間はすべて若松－直方間の直通運転となった。一部は篠栗線経由で博多まで運転する。一般の８１７系電車との併結運転も可能である。

DENCHAは二〇一六年五月に先行試作車二両を投入して試験走行を行い、一〇月一九日から折尾－若松間で火曜日を除く毎日四往復先行運行を開始した。二〇一七年二月には量産車二両編成三本を増備し、三月四日のダイヤ改正で本格運行の開始となった。

そのほか、大分地区では平日の通勤、通学時間帯に大在《おおざい》発大分行き普通列車一本を臼杵始発に延長運転。熊本地区でも夕方の通勤、通学時間帯に植木から八代に向かう列車を増発した。また、鹿児島地区では朝の伊集院《いじゅういん》－鹿児島中央間に普通列車一往復を増発した。

この三月四日のダイヤ改正で新しいD&Sトレイン観光特急「かわせみ やませみ」の運行を開始した。前年に運転区間が短縮された特急「九州横断特急」に代わって熊本－人吉間三往復が設定された。

キハ47形二両が改造され、一号車が「かわせみ」、二号車が「やませみ」である。内装は人吉球磨産ヒノキを使用し、座席はリクライニングシートのほか、テーブル席、ソファー席、やませみベンチシートなどバリエーションが用意され、そのほかに展望スペースやビュッフェも設置されている。

同じく観光列車の「いさぶろう・しんぺい」が熊本－人吉間の特急に格上げされた。

拡大から縮小への大転換（二〇一八年三月一七日ダイヤ改正）

JR九州は設立以来続いてきた増発、増結による輸送力増強の流れを大きく方向転換させた。このダイヤ改正では新幹線や在来線の特急を含む一一七本が減便された。とくにローカル線ではもともと運転本数が少ないところでの減便であるため、通学生を中心に一部で混乱も見られた。

九州新幹線でも一日あたり一二五本のところを六本削減して一一九本とする。

博多での接続を改善して「のぞみ57号」と「つばめ351号」を乗り換えできるように時刻を修正し、関西での滞在時間の拡大を図った。「のぞみ57号」と「つばめ351号」の博多駅での乗り換え時間は三分である。

利用が不振な途中駅のテコ入れ策として博多－熊本間各駅停車の「つばめ322号」「つばめ325号」と「さくら」の熊本－鹿児島中央間をつないで筑後船小屋、新大牟田、新玉名の各駅と鹿児島中央を結ぶ直通列車を増やした。「さくら」の博多－熊本間は廃止となる。また、新大阪まで最速で結ぶ臨時「みずほ」を久留米または川内に停車させる。

一方で週末運転の「さくら」博多10時24分発「さくら373号」と鹿児島中央発の「さくら372号」を毎週土曜日に継続運転する。

在来線の特急については一日の運転本数を三〇一本から二四本減の二七七本とした。

日豊本線の特急「ソニック」は早朝と夜間の運転区間を見直した。まず上りは柳ヶ浦発「ソニック102号」を小倉始発にして「きらめき1号」に、大分発の「ソニック2号」を中津発「ソニック202号」に、佐伯発の「ソニック16号」を大分始発「ソニック14号」に変更して佐伯発大分行きの「にちりん102号」を増発した。下りは「ソニック51号」佐伯行きを大分行きに、「ソニック61号」大分行きを中津行き「ソニック201号」

に運転区間を短縮。「ソニック101号」柳ヶ浦行きを門司港行きに変更して「きらめき14号」とした。宮崎から大分方面でも、特急「にちりん26号」大分行きを延岡行き「ひゅうが4号」に変更した。

長崎本線と佐世保線では、特急「かもめ82、84号」と「かもめ81、83号」を多客期のみ運転に変更。「かもめ110号」佐賀発23時21分発博多行き、「かもめ202号」長崎22時33分発諫早行き、「かもめ103号」博多発22時33分佐賀行きを廃止。

鹿児島本線の特急「有明」は平日の大牟田6時43分発博多行きの一本だけとなる。門司港－博多間の特急「きらめき」も昼の列車四往復を廃止するほか、博多0時10分発を土曜と休日の前日の運転に変更した。

福北都市圏では鹿児島本線で昼間を中心に一部の快速と普通列車の運転区間を、荒尾行きを久留米行きに、門司港行きを福間行きに変更したほか、新たに「区間快速」を運転して「準快速」の名称を廃止した。区間快速は福間－博多間のみ快速運転と、博多－二日市間のみ快速運転、博多－久留米間快速運転の三種類を基本として快速運転区間が設定される。博多駅、香椎方面の時刻は03分小倉行き区間快速、08分福間行き普通、25分門司港行き区間快速、30分海老津《えびつ》行き普通、45分小倉行き快速、49分福間行き普通となった。

また、始発の繰り下げと最終の時刻修正を行った。鹿児島本線の福北都市圏では上り始発は南福岡発4時35分を赤間発5時25分に変更、代わりに福間発5時38分を博多5時発に変更。最終は博多23時47分発海老津行きを福間行きに短縮、代わりに博多発0時02分福間行きを赤間行きに変更して福間‐赤間間の終電を繰り下げ。下りは小倉発22時54分原田行きを南福岡行きに短縮、小倉発23時48分南福岡行きを海老津行きに変更して南福岡‐原田間の終電を繰り上げ。一方、上りについては大牟田‐博多間で約三〇分終電を繰り下げた。

日豊本線では柳ヶ浦発門司港行きを行橋発5時09分に変更、小倉発23時55分柳ヶ浦行きを行橋行きに短縮。

日田彦山線では添田発小倉行きを田川後藤寺発5時50分に変更。

筑肥線は唐津発20時21分伊万里行きと、伊万里発20時30分唐津行きを繰り上げ、唐津線では多久発6時21分西唐津行きを廃止した。

長崎本線では肥前山口発21時13分諫早行きを肥前大浦《おおうら》行きに、肥前山口発23時多良《たら》行きを肥前浜《はま》行きにそれぞれ短縮、長崎発17時59分肥前山口行きを18時小長井《こながい》行きに、長崎発19時46分肥前山口行きを20時06分湯江《ゆえ》行きに変更し、いずれも短縮区間が最終の繰り上げ時刻となる。

大村線では長崎発20時05分発佐世保行きを廃止して長崎発22時03分早岐行きの時刻を修正する。また、デ－タイムの竹松《たけまつ》－佐世保間の普通を廃止して快速六往復を竹松－早岐間で各駅に停車する「区間快速」に変更し、佐世保線の佐世保－早岐間の普通を大村線の区間快速一時間に一本だけに大幅に削減した。

これによってJR九州の快速と普通は一日あたり二七〇二本を八七本減の二六一五本にした。

佐世保線では大幅な本数の減少となるため、特急「みどり」の早岐－佐世保間を乗車券のみで利用可能とする措置を講じた。

さらに、日豊本線の佐伯－延岡間を直通する普通列車は下り一本、上り二本だけの運転に、久大本線でも朝の由布院発大分行き一本を庄内発7時40分に変更したほか、日田－豊後森間普通列車三往復を廃止した。

肥薩線では始発の八代発5時18分人吉行きを繰り上げ、八代－人吉間の快速と普通三往復を廃止。人吉－吉松間も普通二往復を廃止した。

鹿児島、宮崎地区では日豊本線鹿児島中央発17時33分東都農行きを延岡まで延長。市来6時06分発川内行きを廃止。指宿枕崎線では山川4時42分発鹿児島中央行きを喜入発5時

13分に変更して喜入5時29分発鹿児島中央行きを廃止に、山川発19時58分枕崎行きを指宿20時26分発に繰り下げる一方で、指宿発21時21分発西頴娃《にしえい》行きを廃止するとともに、鹿児島中央発山川行き最終列車を22時10分に繰り上げた。

大減便による積み残しを解消（二〇一八年七月一四日ダイヤ変更）

日豊本線大分から幸崎方面、久大本線日田から由布院方面の夜間の運転間隔を調整したほか、大分から由布院方面の列車の行き先を変更した。また、久大本線が水害復旧に合わせて久留米－日田間のダイヤを変更するとともに、特急「ゆふいんの森」と特急「ゆふ」を正規の大牟田経由で運行を再開した。

鹿児島本線福北都市圏では鳥栖発15時08分小倉行き区間快速の南福岡－小倉間とその折り返しの小倉発17時43分大牟田行き区間快速を六両編成から九両編成に増強した。

三月一七日のダイヤ改正での大幅な本数の削減によって通学時間帯の輸送力が不足し、一部に積み残しが発生するほどになったため、混雑列車の輸送力の増強を実施した。

四月一七日には早くも隼人《はやと》発5時51分吉松経由宮崎行き普通列車を単行から二両編成に増強。長崎地区でも五月二一日から長崎発19時29分佐世保行き快速の車両を二扉から三扉に変更。そのほか三本の車両を変更した。

また、熊本駅では朝の通勤通学時間帯のホームの混雑がひどいため、五月一四日から熊本発7時29分有佐行きを三番線から一番線に変更したほか、平日一一本の乗り場を変更した。高架化した新ホームの上屋を支える柱が通行の障害となっていた。

鹿児島地区では肥薩線の普通列車隼人発19時40分吉松行き普通を単行から二両に増強したほか、日豊本線鹿児島地区でも六本の車両数を変更した。宮崎地区では吉都線と日豊本線の宮崎地区で八本の車両数を変更した。

大減便により輸送力が不足する時間帯では、高校の定期試験の際に臨時列車を運転した。久大本線日田発13時22分豊後森行き、豊後森発14時14分日田行き、日豊本線国分発11時59分発都城行き、都城発13時23分国分行き、吉都線都城発13時24分吉松行きの五本である。

二〇一九年三月二三日に国鉄末期に投入されたキハ31形のラストランが筑豊本線（通称・原田線）原田－桂川間で行われた。

香椎線の輸送改善と大減便の微調整（二〇一九年三月一六日ダイヤ改正）

九州新幹線で「みずほ」を久留米ないし川内に各一往復を停車。新大阪への速達列車が停車することで、九州新幹線の途中駅の利便性を向上させた。

香椎線（西戸崎《さいとざき》－宇美《うみ》間）に蓄電池式電車「DENCHA」BEC819系を二両編成一一本投入して全線の運行を一気に置き換えた。これによって西戸崎－香椎間が平均二分、香椎－宇美間が平均三分スピードアップした。従来のキハ47形が二扉であるのに対してBEC819系は三扉、ロングシートとしたことで、定員は二二〇人から二八〇人に増加した。

また、地方路線での利便性を向上するために、日豊本線で佐伯発16時臼杵行き、吉都線都城発21時45分吉松行きが増発された。いずれも平日のみ運転である。

なお、このダイヤ改正では筑肥線波多江－筑前前原間に糸島高校前駅を開業した。休日は快速は通過する。

ディーゼルと蓄電池のハイブリッド車「YC1系」の開発

JR九州がBEC819系に続いて開発を進めているのがディーゼル発電機と蓄電池を併用したハイブリッド車のYC1系蓄電池搭載型電気式気動車である。二〇一八年六月に二両編成一本が完成して走行試験を続けている。ロングシートとクロスシートの組み合わせで、最高速度は時速一一〇km。今後、キハ66系の取り替えを予定している。

忘年会に合わせて「フライデー・ナイト・トレイン」を運行

二〇一八年も一二月中の金曜日の深夜に最終列車後の「フライデー・ナイト・トレイン」を運行した。福岡空港23時40分発姪浜行きを筑前前原まで延長、福岡空港0時31分発筑前前原行きと筑前前原23時35分発福岡空港行きを増発した。

観光列車を活用した富裕層ビジネスの強化

クルーズトレイン「ななつ星in九州」は二〇一六年四月一四日に発生した熊本地震によって豊肥本線を中心に不通となったため、四月一六日出発分から運転を見合わせたが、五月七日出発分から一部のルートを変更して運行を再開した。三泊四日コースのうち四日目は本来は豊肥本線と久大本線を経由して熊本から博多にいたるのであるが、これが鹿児島本線経由となった。また、一泊二日コースの二日目の鳥栖以降の運行ルートを久大本線由布院折り返しで博多に戻るルートとなった。二〇一六年六月末までこの代替ルートによる運行を計画した。

七月一六日出発分からは一泊二日コースが一日目博多－有田－佐世保－長崎、二日目長崎－鳥栖－由布院－博多、三泊四日コースは一日目博多－由布院－車中泊、二日目美々津－宮崎・南宮崎－隼人、三日目隼人－鹿児島中央、四日目鹿児島中央－八代－博多のルートで運行する。八月二日出発分からは、四日目は宇土駅でシークルーズ天草観光に、八月三〇日出発分から三日目以降の運行ルートを三日目薩摩高城《たき》－水俣－肥薩おれんじ鉄道、四日目八代－有佐、宇土－博多シークルーズ天草観光となる。

二〇一六年一一月一五日から三泊四日で、アメリカの旅行会社The Society of International Railway Travelers（IRT）による「ななつ星in九州」のチャーター列車を運行した。同社は世界各地の豪華寝台列車を行程に組み込んだプレミアム感のある旅行商品を専門に企画、販売している。一一月五日に成田空港から入国し、東京、箱根《はこね》、京都、広島、宮島、福岡市、長崎、ハウステンボスを回って、一一月二二日に帰国した。

また、同年一二月には外国人旅行者向けの企画として一九日からの四泊五日で『世界をつなぐ「ななつ星in九州」で日本文化に出逢《であ》う旅』を発売した。乗車前日の前夜祭から始まり、D&S列車「海幸山幸」の乗車体験や車内でのクリスマスパーティーが組み込まれ、料金はスイート二名一室で一人七〇万～七五万円（税込）、DXスイート二名一室で一人九二万〜一〇五万円（税込）。

「或る列車」は二〇一八年には日豊本線の一部復旧にともなう特別企画で八月二四日と九月二一日に阿蘇コース大分－阿蘇間一往復を運転した。午前の大分発阿蘇行きと午後の阿蘇発大分行きはそれぞれ別のツアーに組み込まれている。熊本県産、大分県産にこだわったメニューが用意された。

同年一一月には初めて佐伯コースが設定され、二〇一九年一月から改元を挟んで五月まで長崎コース佐世保－長崎間を運行した。大村湾の風光明媚《ふうこうめいび》な沿線風景を楽しみながらランチとディナーを楽しめる企画である。JR九州企画・実施分と旅行社の企画・実施分があり、それぞれツアー客を募集する。

相次ぐターミナル駅のリニューアル

鹿児島本線と筑豊本線が交差する折尾駅が高架化されたが、こちらの雰囲気のある駅舎は惜しくも解体されてしまった。折尾駅周辺部の連続立体交差化の一環として折尾駅の位置を北側に移動し、現在交差している筑豊本線と鹿児島本線のホームが横に並ぶかたちに改造する。二〇一七年一月二日に途中経過として鹿児島本線を新設の高架線の三〜五番線

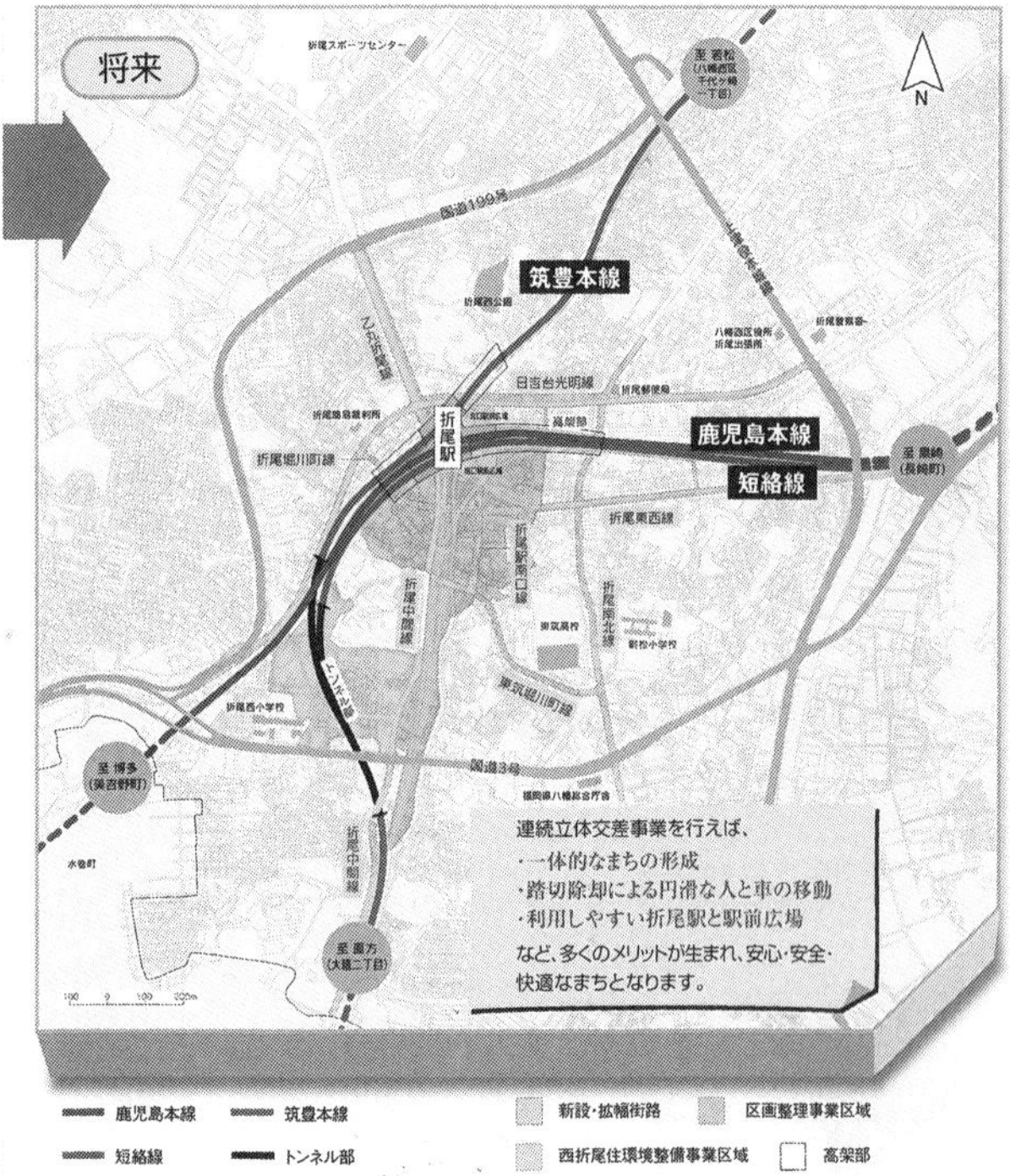
将来
筑豊本線
鹿児島本線
短絡線
折尾駅
日吉台光明線
折尾東西線
折尾堀川町線
国道199号
国道3号
トンネル部
折尾中間線
連続立体交差事業を行えば、
・一体的なまちの形成
・踏切除却による円滑な人と車の移動
・利用しやすい折尾駅と駅前広場
など、多くのメリットが生まれ、安心・安全・快適なまちとなります。
鹿児島本線
筑豊本線
短絡線
トンネル部
新設・拡幅街路
区画整理事業区域
西折尾住環境整備事業区域
高架部

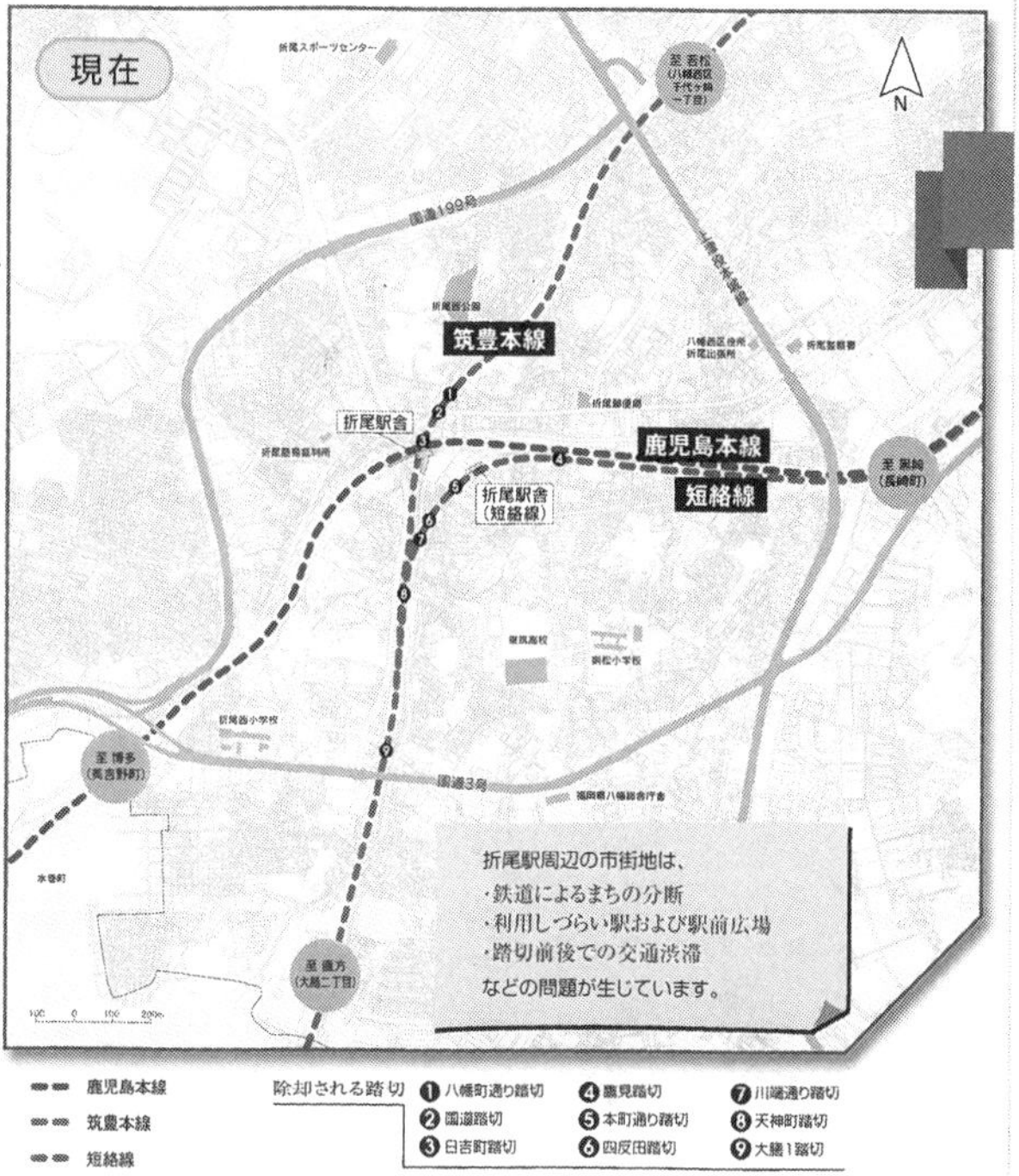

図表21　折尾駅の改良工事
出典：北九州市 https://www.city.kitakyushu.lg.jp/ken-to/file_0250.html

に移し、筑豊本線のホームはその北側の六、七番線に移動した。小倉方面から直方方面に直通する折尾駅の駅前を横断している連絡線のホームは、鷹見口《たかみぐち》A乗り場、B乗り場に変更された。鷹見口ホームはいったん改札を出て駅前広場を越えて乗り換える。

将来は一、二番線が筑豊〜小倉方面の短絡線ホーム、三、四、五番線が鹿児島本線のホーム、六、七番線が筑豊本線のホームとなる。

また、筑豊本線の折尾から北側は現在も非電化の盲腸線で、通称で若松線と呼ばれている。二〇一七年三月に終点の若松駅をリニューアルしたが、既存駅舎の象徴であったタイルを一部残し、既存のクリーム色外壁の上から石炭をイメージした黒系の吹きつけ塗装を行った。

また、途中の二島《ふたじま》駅の駅舎について活用方法を公募。二〇一八年九月三日から一一月三〇日までを応募期間に設定した。駅舎の家賃は最大で月二万五〇〇〇円である。最優秀賞に選ばれると賞金三〇万円が授与されるとともに、当選者が実施する駅舎の改修工事について最大一〇〇万円をJR九州が負担する。ただし、現在のところ選考結果の発表はない。

熊本駅は新幹線の開業後、在来線の高架化工事が進められていたが、二〇一八年三月一七日にすべてのホームが高架に移った。下り一、三番線の島式のホームとその南側の切り欠き部分に二番線、上り四、六番線の島式ホームと、その南側の切り欠き部分に五番線がある。従来、豊肥本線で使っていた0番線A乗り場、B乗り場は廃止された。

二〇一八年三月一七日、大分市内の日豊本線牧《まき》駅、幸崎駅、豊肥本線滝尾《たきお》駅、同年一二月一日に大分大学前駅と敷戸《しきど》駅が「Smart Support Station」に変わった。乗車券や定期券の発行と運賃精算時にモニターカメラを使って大分駅構内のサポートセンターの係員が発券機や精算機の操作を支援するというシステムである。香椎線、筑豊本線に続いて三路線目である。

ホーム上の安全対策として大都市を中心にホームドアの設置が進んでいるが、JR九州でも筑肥線九大学研都市駅の二番線に試験的に軽量型のホームドアを設置し、二〇一七年一一月二一日から試験を開始した。これが良好であったため、二〇一八年九月二五日に一番線にも設置されることになるが、その後、筑肥線下山門－筑前前原間の全駅に設置することが決定し、二〇一九年二月一日に九大学研都市駅で試験的に設置されたホームドアを正式にJR九州が取得した。

また、二〇一九年二月に唐津線の山本駅の旧駅事務室を活用して個別指導学習塾を開校した。株式会社コラボプラネットが運営する学習塾の「ブランチ」が火、金曜日の夜間に学習サポーターを派遣するというもの。

急速に進むインターネット予約へのシフト

ＪＲ九州はＪＲ九州インターネット列車予約システムのサービスを提供しているが、二〇一七年四月から五月にかけて、この利用促進のためにＫＤＤＩとタイアップして二〇〇〇円以上のインターネット予約を行うとペア宿泊券や旅の思い出フォトブック「TOLOT」が当たるキャンペーンを実施した。

また、共通ポイントサービス「Ponta」を運営する株式会社ロイヤリティマーケティングとタイアップして、同年六月中にPonta会員登録をしたうえで二〇〇〇円以上のネット予約をするとペア宿泊券や旬のフルーツが当たるというキャンペーンを実施した。

そのほか、ネット予約の経験がない利用者に対して二〇一九年一月八日から九州新幹線の「初回購入限定！お試しネットきっぷ」を発売した。一例として福岡市内－鹿児島中央間は七〇〇〇円で三四五〇円得、博多－熊本間は二三五〇円で、二七八〇円の得である。

ＪＲ九州は二〇一八年四月二七日からスマートフォンのアプリLINE画面上に表示されたＱＲコードを券売機にかざすことで割引きっぷが購入できるサービスを開始した。対象の割引きっぷは「九州新幹線2枚きっぷ」福岡市内－熊本間、福岡市内－鹿児島中央間で、対象の駅券売機は博多駅、香椎駅、熊本駅、水前寺駅、鹿児島中央駅に設置された「指定席券売機」である。

二〇一六年から九州内の私鉄一六社を利用できるJR九州全線のフリーきっぷとして「旅名人の九州満喫きっぷ」を発売した。三日分使えるが、一人で三日でも一緒に三人で使うこともできる。なお、JR九州の新幹線と特急は利用できない。

二〇一八年三月からはJR九州全線を三日間乗降自由のきっぷ「ぐるっと九州きっぷ」が発売になった。こちらは新幹線と特急を利用できる大人一万四五〇〇円、子ども七〇〇〇円。ネット予約は五〇〇円引きとなる。

五〇〇円で新幹線に乗れるサービス

割引乗車券の変わり種として、九州新幹線全線開業六年を記念して二〇一七年二月一二日から一カ月間発売した「九州新幹線お隣ワンコインきっぷ」がある。隣り合った駅間の新幹線を大人、子どもともに五〇〇円玉一枚で利用できるというもの。また、三月一二日のみ有効の「九州新幹線フリーパス」が発売された。インターネット列車予約で購入した場合、大人一万円、子ども五〇〇〇円、窓口での購入は、大人一万五〇〇〇円、子ども五二五〇円で、九州新幹線の普通車自由席が乗り降り自由。この二種類の乗車券は九州新幹線全線開業八周年の二〇一九年二月にも発売された。

二〇一七年にはＪＲ九州会社発足三〇周年記念として「30周年記念！ネット九州パス」ＪＲ九州全域のフリー乗車券を発売した。インターネット予約限定で、七日前までの予約が必要。二日用と三日用があり、二日用は大人一万五〇〇〇円、子ども三〇〇〇円。三日用は大人二万円、子ども五〇〇〇円。

「近代化産業遺産」の復元

人吉機関庫

八代－川内間が第三セクター化されたことによって、ＪＲ九州にとって肥薩線が熊本と鹿児島を結ぶ唯一の鉄道ルートとなった。もともと鹿児島本線より早く開業したが、山岳地帯を走るために輸送力が制約され、メインルートになれなかった。現在では開発から取り残されたこの沿線が観光資源として注目されることになった。二〇〇九年四月からは熊本―人吉間で「SL人吉」が運行している。

途中、人吉では明治時代の機関庫が現在まで現役で残されており、近代化遺産に認定されている。JR九州は建設当時の人吉機関庫の姿に復元し、二〇一七年三月一八日にお披露目《ひろめ》式を開いた。同年一一月一二日には肥薩線一一〇周年を記念して観光列車「SL人吉」「いさぶろう」「かわせみ やませみ」に大正ロマンの雰囲気の客室乗務員が乗車し、かつて人吉が主要幹線の駅として栄えた時代の雰囲気を満喫した。翌年九月二八日にも実施された。

二〇一九年三月には人吉温泉観光協会の主催で「観光列車サミットin人吉球磨」が開催された。「観光列車と街づくりについて大人から子どもまで楽しみながら考える参加型のイベント」を謳い、「A列車で行こう」「SL人吉」「いさぶろう・しんぺい」「指宿のたまて箱」「かわせみ やませみ」の車両を使ったツアーが組まれた。

門司港駅

門司港駅は一八九一年四月に開業したが、当時は「門司」駅であった。本州とのあいだを連絡船で結び、九州の玄関口として重要な役割を担っていた。現在の駅は一九一四年に建設されたネオ・クラシック様式の木造二階建てで、外壁は石、屋根は銅板で化粧されている。現在は周囲の歴史的な建築物とともに国の近代化産業遺産に認定されている。

二〇一二年に歴史的に貴重な駅舎を建設当時の姿に復元する工事に着手し、全体を素屋《すや》根《ね》で覆って復元工事が進められた。当初は二〇一七年度末に完了する予定であったが、耐震補強工事が追加されたために遅れ、二〇一九年三月一〇日にグランドオープンした。

当日は「SL人吉」を牽引する8620形蒸気機関車を展示。ゴールデンウィークまでの土休日に博多－門司港間に臨時特急「きらめき80、81号」一往復と門司港－小倉間に臨時普通列車四往復を運行した。

復元なった門司港駅には一九一四年建設当時に駅舎の二階で営業していた「みかど食堂(by NARISAWA)」が再現された。「或る列車」でスイーツコースを手がける成澤由浩氏が監修している。

イオンモールと連携した「パークアンドライド」サービス

JR九州、JR九州バス、西鉄とイオンモールがタイアップして、二〇一六年四月一日からイオンモール福津の駐車場に自家用車を置き、イオンモールのバス停からバスで福岡の都心に向かうというパークアンドライドを実施している。利用条件は月にイオンの商品券五〇〇〇円を購入することだけである。あるいはイオンの電子マネーWAONへの五〇〇〇円のチャージでもＯＫである。もちろん商品券は買い物に使える。

パークアンドライドはイオンモール福津が七〇台のほか、福岡市とタイアップしているものを中心に挙げるとイオンモール香椎浜《かしいはま》が七〇台、イオンモール福岡伊都が五〇台、イオン唐津ショッピングセンターが三〇台、イオンモール筑紫野《ちくしの》が七〇台、木《こ》の葉《は》モール橋《はし》本《もと》が五〇台、かしいえんが三三台である。かしいえんは遊園地で、四五〇〇円の現金の支払いか遊具乗り物券購入との併用も可能。筑紫野は商品券五〇〇〇円のほかＩＣ乗車券、定期券、回数券の提示でも利用可能。

また、ＪＲ九州レンタカー&パーキング株式会社は、新幹線駅と佐賀駅、大分駅での駐車場シェア会社akippaとの提携による駐車場予約サービスを二〇一七年一二月一日に開始した。携帯アプリで駐車場を予約して代金を決済するサービスで、予約の時点で空きがあれば確実に駐車できる。

駐車場の台数は九州新幹線久留米二台、新大牟田二台、熊本計七台、新八代三台、川内三台、鹿児島中央三台、在来線大分一〇台、佐賀二台である。

ＪＲ九州レンタカー&パーキングは大牟田市と共同で新大牟田駅に駐車場八一台を整備し、二〇一八年三月二六日に本格開業した。

ポイントサービス「ＪＲキューポ」の誕生

ＪＲ九州のポイントサービス「ＪＲキューポ」が二〇一七年七月七日に誕生した。インターネット列車予約の「ｅレールポイント」、JQ CARDで貯まる「ＪＱポイント」、SUGOCAで貯まる「SGOCAポイント」を「ＪＲキューポ」に一本化した。二〇一七年七月から九州内（沖縄を除く）のファミリーマートでのSUGOCA利用に対して、買い物二〇〇円につき一ポイントを付与するキャンペーンを実施した。

二〇一八年三月二七日に「ＪＲキューポポイントモール」のサービスを開始。「ＪＲキューポ　ポイントモールオープン記念キャンペーン」として三〇〇〇円（税・送料別）以上購入すると二人に一人の割合でＪＲキューポ二五〇ポイントをプレゼントするというもの。また、現在ではＴポイントやＪＲホテルメンバーズポイントなどのＪＲキューポとの交換も可能となっている。

中国人旅行者の増加を受け、ＪＲ九州グループは二〇一八年二月一日に中国人向け電子決済「Alipay」「WeChat Pay」を導入した。現在はＪＲ博多シティやＪＲ九州ドラッグイレブンの免税店などが対象である。

また、中国のネット通販最大手のアリババグループ（阿里巴巴集団）と戦略的提携を結んだ。二〇二三年度に九州への送客一〇〇万人プロジェクトを立ち上げ、うち五〇万人をアリババグループが送客するというもので、まず二〇一八年一〇月から二〇一九年三月までの半年間にアリババグループが五万人の観光客を九州に送り込むとした。

農産物事業に活路を見いだすＪＲ九州バス

熊本地震以後、九州新幹線が徐行運転を行っていたが、二〇一八年三月一七日に正常なダイヤに復帰した。それに合わせて鉄道とバスを乗り継いで博多－宮崎を結ぶ「Ｂ＆Ｓみやざき」の新八代での乗り継ぎ時間を六～七分に短縮して利便性を改善した。

一般路線バスについては二〇一八年三月二六日から佐賀県武雄市、嬉野市、長崎県東《ひがし》彼杵《その ぎ》郡東彼杵町を運行するＪＲ九州バスの全線、二〇一九年三月二二日から福岡県内の博多駅－山《やま》の神《かみ》－福丸－宮田－直方間と鹿児島県内の全路線についてバスロケーションシステムを導入した。自治体の地域公共交通活性化に向けた取り組みとして助成を受けている。

ＪＲ九州は二〇一六年七月一六日から鹿児島中央駅発の定期観光バス「さつま特産ぐるめぐりコース」の運行を開始した。いちき串木野市の薩摩藩英国留学生記念館、薩摩金山《きんざん》蔵《ぐら》、鹿児島市の沈壽官窯《ちんじゆかんがま》などの名所を回る。

ＪＲ九州バスはアグリプロジェクトBUS TOP FARMという新たな事業分野に挑戦することになる。アイメックと呼ばれる特殊なシートを使った高糖度、高栄養価の付加価値ミディトマトで、二〇一六年八月から翌年七月までＪＲ九州ファームから熊本県玉名のビニールハウス一棟を賃貸して試験栽培を行った。フルティカという品種のミディトマトを栽培してインターネットや道の駅などで販売した。

試験栽培の結果が良好であったため、本格的な生産に移行することにして、二〇一八年七月に福岡県みやま市山川町《やまかわまち》「みやまアグリ事業所」を設立した。栽培面積八一八〇㎡の農場を整備して高糖度トマト「あいとま」三万三六〇〇本の栽培を開始することになる。出荷開始時期を二〇一八年一一月中旬とした。

「ビートル」のリニューアルと新たな需要の掘り起こし

二〇一七年には「ビートル」三隻のリニューアルを実施した。外観に変化はなかったが、

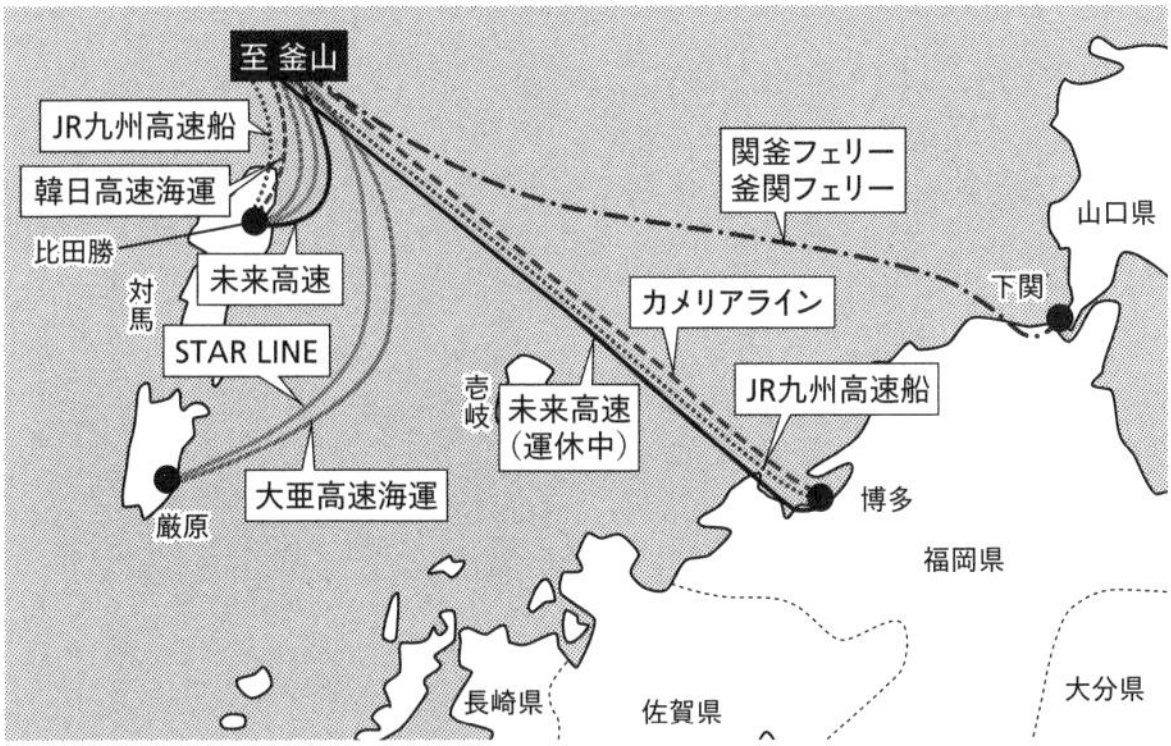

図表22　JR九州グループの船舶路線網
出典：九州運輸局海事振興部旅客課「平成30年度上半期 日韓旅客定期航路輸送実績」（2018年11月16日）

インテリアは船旅を楽しくするカラフルな色彩に一新されたほか、大型荷物置き場を新設したことで定員が減少した。また、船内にWi-Fiを設置するとともに船内にメニューを新しくした。

「ビートル１世」は二〇一七年三月一六日、「ビートル３世」が七月二日、「ビートル２世」は一二月から運航を開始した。また、七月一日にはＪＲ九州の制服をベースにしてデザインした新しい制服に取り替えた。

二〇一七年七月一〇日に「ビートル」累計乗船人員六〇〇万人達成。記念セレモニーが博多港国際ターミナル二階特設会場で開催された。ビートル３４７便の乗船客のうち一組に記念品として「ビートル往復乗船券」「ソラリア西鉄ホテル釜山宿泊券」、乗船客全員に「ビートルオリジナルグッズ」がプレゼントされた。

また、日本人旅客の需要喚起のため、二〇一七年一二月六日〜翌年六月二八日まで、大人のための旅クラブ「ハロー！自由時間クラブ」会員限定で『高速船「ビートル」でおトクに韓国へ』の割引往復乗船券を発売した。博多－釜山間ビートル往復運賃、普通席、平日限定一万四〇〇〇円で、通常の割引運賃に比べて二〇〇〇〜八〇〇〇円安いというもの。

ＪＲ九州高速船は二〇一八年二月二八日に全長八三ｍの三胴船（トリマラン）をオーストラリアのAUSTALに発注した。定員五〇二名の大型船で、建造費五二六〇万アメリカドル、二〇二〇年七月の就航を予定している。運航速度は三七ノットで、福岡－釜山間を三時間四〇分で結ぶことになる。新型船は「QUEEN BEETLE」と名づけられ、二〇一八年一一月二八日にAUSTEL社のヘンダーソン造船所で起工式が執り行われた。

中間持ち株会社の設立で駅ビル事業とホテル事業を再編

ＪＲ九州は駅ビル事業とホテル事業を再編して中間持ち株会社を設立した。

まず二〇一八年一二月二六日に「ＪＲ九州ステーションホテル小倉株式会社」を設立し、翌年四月一日に小倉ターミナルビル株式会社からホテル業を分割して「ＪＲ九州ステーションホテル小倉株式会社」に吸収。同日、駅ビル六社を共同株式移転によって「ＪＲ九州駅ビルホールディングス株式会社」を設立するとともに、ホテル三社を共同株式移転によって「ＪＲ九州ホテルズアンドリゾーツホールディングス株式会社」を設立した。そのうえで、小倉ターミナルビルをＪＲ小倉シティ、長崎ターミナルビルをＪＲ長崎シティ、鹿児島ターミナルビルをＪＲ鹿児島シティに商号を変更した。ＪＲ九州駅ビルホールディングスとＪＲ九州ホテルズアンドリゾーツはＪＲ九州が一〇〇％出資する完全子会社で、両者は部門持株会社として、それぞれ各駅ビル会社とホテルに一〇〇％出資している。

ＪＲ博多シティは二〇一六年度は売上高一〇六一億円で、前年比一〇二・五％、二〇一七年度一一三〇億円と順調に増加している。内訳は、アミュプラザ博多が二〇一六年度三八九億円、二〇一七年度四一〇億円、アミュエスト、博多デイトス、デイトスアネックス、コンコースの合計が、二〇一六年度二〇四億円、二〇一七年度二二一億円、ＪＲＪＰ博多ビルは、二〇一六年度二四億円、二〇一七年度二五億円、博多阪急は二〇一六年度が四四四億円、二〇一七年度四七四億円。入館者数は、デイトスアネックス、コンコース、ＪＲＪＰ博多ビルを除き二〇一六年七〇五五万人、二〇一七年度七二四一万人と増加した。

KITTE博多と博多マルイが開業したことによって博多駅前地区の集客力が一段と高

まったことによる効果があった。また、博多港と福岡空港から入国する海外からの観光客の増加も反映している。

博多地区の集客力がそのままJR九州の博多周辺部の鉄道路線の旅客増につながった。

小倉ターミナルビルは二〇一六年七月にアミュプラザ小倉に「アミュキッチン」をオープンしたほか、開業二〇周年を控えて売り場のリニューアルが進められた。

全館の売上高は二〇一六年度が一二〇億円、二〇一七年度は一二一億円と微増、入館者数も二〇一六年度の一三六〇万人から二〇一七年度には一三九〇万人に増加した。

そのほか、二〇一七年度の各アミュプラザの実績は「アミュプラザ鹿児島」が売上高二六四・九億円、入館者数一七五八万人、「アミュプラザ長崎」は売上高二〇九億円、入館者数一一四九万人、「アミュプラザおおいた」は売上高二三三億円、入館者数二二六六万人である。

アミュプラザ鹿児島は二〇一四年の「プレミアム館」の開業によって売上高が大幅に増加したが、入館者数については微妙に減少した。

また、現在の熊本駅ビルは国鉄時代の古いビルをリフォームし、近代的なファサードを整備したものであるため、老朽化により、二〇一九年三月に建て替えの工事が開始された。

熊本駅は二〇一八年春に豊肥本線と鹿児島本線の下り線を高架線に切り替え、これで高架化は完了。続いて駅ビルの建設をはじめとして駅周辺部の大規模な開発に取りかかった。まず二〇一八年三月一七日には熊本駅高架下に「肥後よかモン市場」をオープンし、物販三三店舗、飲食一八店舗、サービス八店舗が営業している。その後、地下通路が埋め戻されたのにともなって出入り口が増設され、すべてが完成した。

新熊本駅ビルは地上一二階、地下一階で、一～七階に商業施設、八階が結婚式場、九～一二階はホテルになる。二〇二一年春の開業を予定している。

駅ビル以外に北立体駐車場五〇〇台、西立体駐車場八〇〇台、第三駐車場五三〇台と、駅に直結するオフィスビル「熊本北ビル」（仮称）が建設される。

熊本北ビルは敷地面積三八〇〇㎡、延べ床面積一万七〇〇〇㎡、地上一二階建て、一～三階が商業施設、四階以上がオフィスとなる。

また、宮崎駅の西口正面に「ＪＲ宮交ツインビル」が建設される。ＪＲ九州と宮崎交通との共同事業で、二〇一九年春に着工（四月三日に安全祈願祭）し、二〇二〇年秋に完成する予定。駅前用地に地上一〇階、隣接する広島用地に地上六階建てのビルが建つ。駅前用地には「アミュプラザ宮崎」が出店する予定である。

二〇一六年四月一五日には早岐駅東口駅前広場に隣接するJR九州の所有地に二階建ての「エレナ早岐店」を開業した。スーパーマーケットが営業している。

駅の高架化の進行でさらに増加する「えきマチ1丁目」

比較的小規模の駅商業施設「えきマチ1丁目」は二〇一六年一二月一一日に上熊本駅に「えきマチ1丁目上熊本」がオープン。続いて別府駅の高架下商業施設が「えきマチ1丁目」に整理され、二〇一七年三月三〇日に開業の記念式典が開かれた。コンコースから北側に「B-Passage」、南側に「BIS南館」が開設された。

二〇一九年四月一日に鹿児島本線黒崎駅に「えきマチ1丁目」が開業し、まず八店舗が営業を開始した。その後、順次拡充される予定。

六本松地域と博多駅周辺の再開発に参画

六本松（福岡市中央区）地域の開発は東西二棟のビル「MJR六本松」「SJR六本松」とその低層階を結ぶ「六本松421」からなっている。二〇一七年三月に分譲マンション「MJR六本松」、四月に「六本松421」の二階部分に蔦屋《つたや》書店が開店した。また、九月

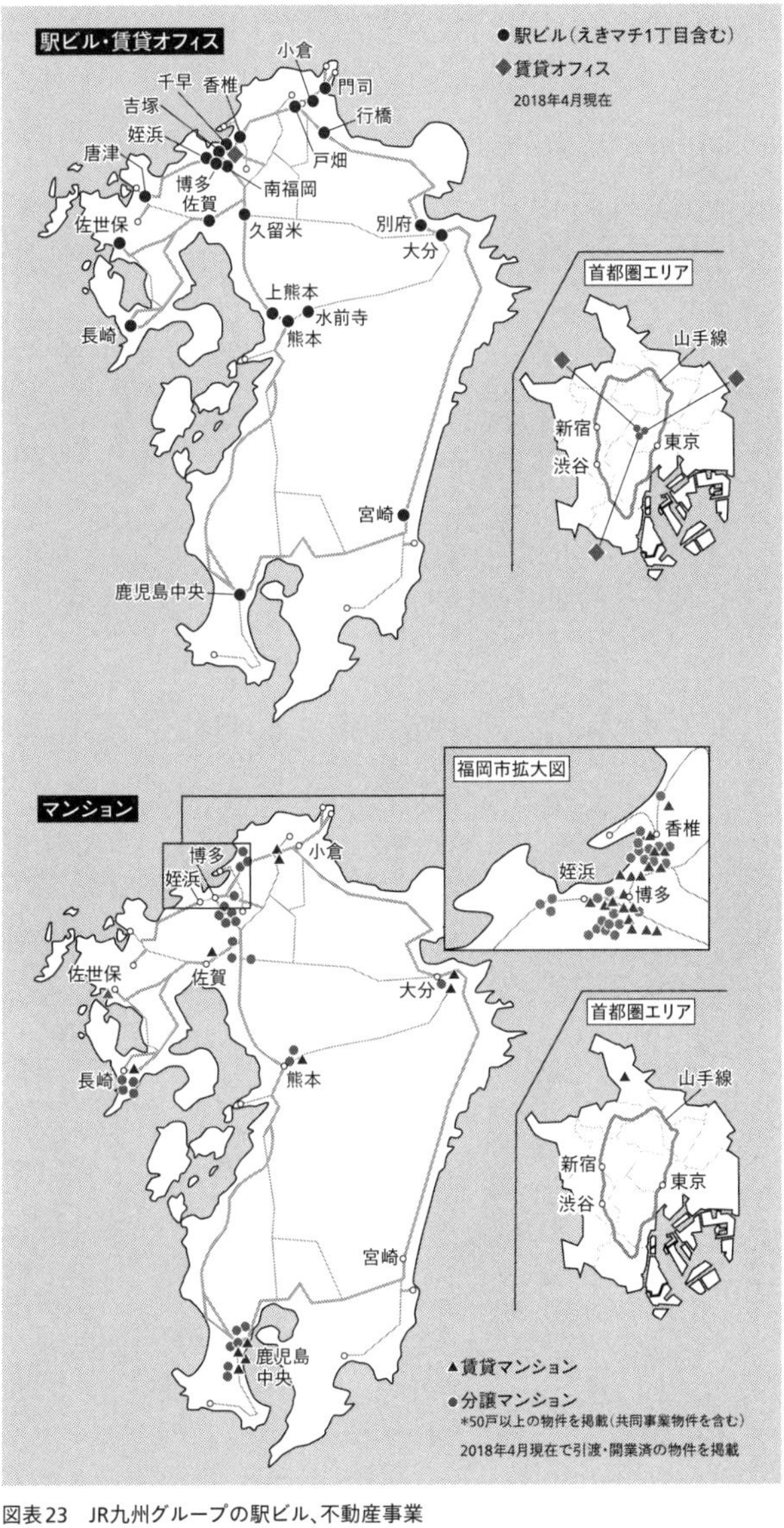

図表23　JR九州グループの駅ビル、不動産事業
出典：JR九州「FACT SHEETS 2018」

には住宅型有料老人ホーム「ＳＪＲ六本松」が開業。一〇月一日に福岡市科学館が開館し、これで全体の施設が完成したことになる。一一月二三日の夕方に六本松「六本の煌《きら》めき」イルミネーション点灯式が開かれた。

ＪＲ博多駅前の二〇一六年に地下鉄トンネルの落盤事故を起こした通りに博多駅前二丁目複合ビルを建設している。地下鉄七隈《ななくま》線の中間駅から徒歩二分の位置で、博多駅からも徒歩七分の至近距離である。二〇一八年三月六日に安全祈願祭が開催され、敷地面積一五八九㎡に地上一四階、地下一階のビルが建設される。完成後はホテル二三八室のＪＲ九州ホテルズのホテルと商業施設、地域コミュニティ施設が入る予定。

福岡市は博多駅を中心に半径五〇〇mの約一八〇haの地区について、経年ビルの建て替えなどによる都市再開発計画「博多コネクテッド」（二〇一九年一月四日発表）を進めているが、現在、計画に賛同する地権者が参加する「博多駅エリア発展協議会」（仮称）の準備会の設立手続きを進めているところである。

ＪＲ九州は「博多コネクテッド」の一環で「博多駅空中都市構想」を打ち出した。九州新幹線西九州ルート開業、地下鉄七隈線博多駅乗り入れが予定されていることから、駅機能を強化するために博多駅の在来線下り方線路上にオフィス、ホテル、商業施設を収容する複合ビルを建設するという構想である。

また、東京でも大規模な地域開発に参加している。都市再生機構が実施する「虎ノ門二丁目地区第一種市街地再開発事業」で建設される業務棟の保留床の取得者が公募され、JR九州も入札に参加した。最終的に日鉄興和《にってつこうわ》不動産、第一生命保険、関電《かんでん》不動産開発、東京ガス都市開発、大成《たいせい》建設とともにJR九州が選定された。

保留床とは、地権者による土地区画整理事業で、建物の建設費を捻出するためにビルの床が売却されるが、その床面積のこと。購入した企業はそのスペースを開発し、付加価値をつけて販売することになる。建物は地上三八階、地下二階、建物の高さ一八〇mで、オフィス、商業施設、生活支援施設、駐車場などが入ることになる。二〇二〇年九月に工事に着手し、二〇二三年一一月に竣工《しゅんこう》する予定である。

余剰資金をオフィスビル購入に活用

JR九州は余剰資金を株式や債券に運用するのではなく、事業収入が見込めるアセット性資産に重点的に投資を行っている。その一環として、二〇一六年六月二九日に博多駅前のLINE株式会社の福岡社屋建設予定地を購入。二〇一七年七月三一日には帝人《ていじん》株式会社大阪本社ビルを取得した。地下鉄中央線、堺筋線堺筋本町《さかいすじほんまち》駅の隣接地である。また、二〇一六年九月三〇日には地下鉄有楽町線麹町《こうじまち》駅近くのオフィスビル「平河町《ひらかわちょう》センタービル」を購入した。直近では二〇一九年一月九日に東京都中央区新川《しんかわ》のオフィスビル「新川イーストビル」を取得した。

鉄道用地以外や首都圏にも建設が進むマンション事業

旧国鉄鹿児島工場と隣接する車両基地の用地を整理した土地にJR九州は「MJRザ・ガーデン鹿児島中央」を建設している。一～三号棟が第一期で二〇一八年七月完成。第二期四、五号棟が二〇一九年二月に竣工した。完成後の建物はJR九州ビルマネジメントが管理し、三井不動産リアルティ九州とMBC開発が代理店として販売を担当する。

そのほか、自社の鉄道用地とはまったく関係ない場所でマンション用地の取得を進めている。たとえば福岡市中央区渡辺通《わたなべどおり》四丁目の一七七二㎡の土地や東京都北区東《きた》十条《ひがしじゅうじょう》の土地である。この時点で東京の都心に持つ事業用の土地は七件となっていた。

また、既存のマンションの取得も進め、二〇一八年七月に東京都内の賃貸マンション「パークスクエア竹ノ塚《たけのつか》」（地上一〇階、総戸数一一一戸）を取得。続いて同年一〇月には横浜市内の新横浜《しんよこはま》の賃貸マンション（一〇八戸）を取得した。

さらに大阪市中央区では「ザ・船場《せんば》タワープロジェクト」に取り組んでいる。地上三七階で、三〜一四階が賃貸フロア（一四四戸）、一五〜三七階が分譲フロア（二九六戸）である。二〇一九年七月に工事に着手し、二〇二一年三月に分譲マンションが引き渡される予定である。

そのほか、二〇一八年五月に熊本駅新幹線口隣接の土地を取得したが、現在のところ具体的な開発計画は未定という。京都市下京《しもぎょう》区にも二〇一八年六月に一三二五㎡の土地と建物を購入した。

シニア事業では「ＳＪＲ六本松」に続いて住宅型有料老人ホーム「ＳＪＲ千早ガーデン」（地上七階、八八室）の開発に着手。二〇一九年二月に着工し、二〇二〇年一月に竣工する予定である。入居募集は二〇一九年の夏から秋にかけてを予定し、二〇二〇年四月に入居を開始する。

「九州の企業」の域を超えていくホテル事業

ＪＲホテルズには日本旅館が二軒含まれている。ひとつが「別府温泉－竹と椿《つばき》のお宿－

花《はな》べっぷ」（三〇室）で二〇一二年四月二七日に別府市上田の湯町《かみたのゆまち》に開業、もうひとつが「おおやま夢工房奥日田温泉うめひびき」（三二室）で二〇一七年一一月一日に大分県日田市大山町西大山《おおやままちにしおおやま》に開業した。

ホテル事業についても、二〇一七年六月二四日に「JR九州ホテルブラッサム那覇」を開業、JR九州グループとオリオンビールが共同で「開業記念プラン」を企画。「Premium STAY」を約五七％割引して、一室あたり最大三万一二〇〇円である。

また、JR九州とJR九州ホテルズは新ホテルブランド「THE BLOSSOM」を創設した。JR九州が開発した宿泊主体型ホテルの最上位のブランドである。二〇一九年八月二〇日には二〇二〇東京オリンピック・パラリンピックを見据えて東京都港《みなと》区新橋《しんばし》（最寄り駅は都営三田《みた》線内幸町《うちさいわいちょう》駅）に「THE BLOSSOM HIBIYA」を開業する予定。地上二七階、地下二階で二五五室。JR九州とNTT都市開発が開発する複合ビルの一八階以上を使用する。

続いて同年秋に「THE BLOSSOM HAKATA Premier」を開業する予定である。福岡市博多区博多駅前の七隈線新駅予定駅から徒歩二分。地上一四階、地下一階で二三八室。JR九州ホテルズが運営する。

ＪＲ東日本ホテルズ、ＪＲ九州グループホテルの会員組織「EASTYLE MEMBERS」は二〇一七年六月一三日に「ＪＲホテルメンバーズ」に名称を変更したが、新たにＪＲ東海グループホテルが加入し、二〇一七年七月以降、対象施設が順次東海エリアへ拡大した。Suica、TOICA、SUGOCAがメンバーズの会員証となる。

また、二〇一八年一二月三日からＪＲホテルズのホテルや旅館に中国系モバイル決済サービス「Alipay」を導入した。対象施設はＪＲ九州ホテルブラッサム新宿、博多中央、福岡、那覇、大分、ＪＲ九州ホテル小倉、長崎、熊本、宮崎、鹿児島、別府温泉－竹と椿のお宿－花べっぷの一〇のホテルとひとつの旅館である。

生活のすべてが「ＪＲ九州」でまかなえる状況に

ＪＲ九州ドラッグイレブンは二〇一七年七月一一日に東京での第一号店となる京橋《きょうばし》店を出店。その後、茅場町《かやばちょう》店、水天宮前《すいてんぐうまえ》のT-CAT店、大田《おおた》区の西蒲田《にしかまた》店と店舗を拡大した。また、二〇一九年四月四日には「ＪＲ香椎駅店」を開業して既存の商業施設「えきマチ１丁目香椎」との相乗効果を期待している。

二〇一六年一一月一日にはベガコーポレーション（福岡市）が運営する日本直送オンラ

インモール「DOKODEMO」に出店。海外への発送の手続きや高い運送費の問題なしに日本の商品を世界に発送できるというもの。海外からもサイトにアクセスでき、商品を注文することができる。

二〇一八年一二月一〇日からドラッグストア全店でスマホ決済サービス「PayPay」をスタートした。

駅構内でパン屋を営業するトランドールは二〇一七年九月二二日に「えきマチ1丁目戸畑」内に「ドトールコーヒーショップJR戸畑駅店」をオープンした。トランドールによるドトールコーヒーの出店は初めてである。

JR九州リテールは「ファミリーマート」の北部九州での共同エリアフランチャイザーとして、駅構内をはじめ、街ナカでもオーナーを募集して積極的に店舗開拓を行っている。また、お土産専門店として「銘品蔵」のブランドで店舗展開しているが、二〇一六年七月二〇日に福岡市中央区ヒルトン福岡シーホーク・ショッピングモールに「福岡銘品蔵シーホーク店」を開業した。続いて二〇一七年七月二二日に「博多銘品蔵博多駅中央店」を開店。「銘品蔵」はキヨスクを全面改装した店舗で、博多駅では五店舗目、全部で一六店舗を出店している。続いて同月二四日に「ファミリーマートJR博多駅第1ホーム店」、一一月二二日に博多駅コンコースに「博多銘品蔵筑紫口店」を開店した。

博多駅構内の店舗、博多銘品蔵博多口店、Hakata銘品蔵デイトス店、博多銘品蔵デイトスグロサリーショップではSNSアプリ「WeChat」によるモバイル決済サービス「WeChat Pay（ウィチャットペイ）」が利用できる。

JR九州リテールは二〇一七年一二月一五日にイオン姶良《あいら》店内に「メリーメイズイオン姶良店」を開店。翌年三月にはコスメを中心にバッグ、カラーコンタクト、アクセサリー、タオル、キッチン雑貨を扱う「m&maze イオン宮崎店」をイオンモール宮崎内に出店した。

JR九州フードサービスは二〇一六年七月五日に東京の神田《かんだ》に「赤坂うまや神田」をオープンした。これで東京地区の店舗は一一店舗となった。

JR九州ファーストフーズは二〇一七年三月二五日に「シアトルズベストコーヒー・サブウェイ六本松店」を出店したが、これは西日本シティ銀行が運営する「NCBアルファ六本松出張所（ワンクカフェ）とコラボし、銀行のフロアで営業する「シアトルズコーヒー」でくつろぎながら相談できる「ワンクCAFÉ」というユニークな取り組みをしている。二〇一八年一〇月には「シアトルズベストコーヒーゆめタウン廿日市《はつかいち》店」を開店したが、これは広島県初のシアトルズベストコーヒーの出店である。

また、二〇一七年四月二一日に「オリジナルパンケーキハウス」をイオンモール筑紫野店に出店した。「オリジナルパンケーキ」は一九五三年にオレゴン州ポートランドで創業し、現在、全米に一四〇店舗を展開する。続いて「オリジナルパンケーキハウス」は一一月二二日にアミュプラザおおいた店に出店している。

JR九州ファーストフーズは東京都千代田区に本拠を置く「株式会社かつや」と提携して二〇一七年一二月八日に「かつや太宰府大佐野《おおざの》店」をオープンした。「かつや」は一九九八年に相模原《さがみはら》市に一号店をオープンし、現在では国内外に三九五店舗を持つまでに急成長した。

また、同社は、「スターバックス・コーヒー・ジャパン」とライセンス契約を締結して、九州エリアでの駅構内などを中心にして出店している。JR九州グループの施設内でのプレミアムなカフェ出店を検討していたJR九州ファーストフーズと、さまざまな立地での出店を目指すスターバックス・コーヒー・ジャパンの思惑が一致して提携が決まった。二〇一八年五月二日に「スターバックス・コーヒー・アミュプラザ小倉」を開店した。

酒蔵、農場、養鶏場への進出で地域を活性化

ＪＲ九州は大分県日田市大山町の「おおやま夢工房」を買収したが、二〇一七年七月以降、宿泊、温浴施設、リキュール工房と「道の駅水辺の郷《さと》おおやま」のリニューアルを実施した。そのうえで、二〇一七年一〇月に「リキュール工房うしゅく」を「奥日田温泉梅酒蔵おおやま」、「体験工房こころみ」を「ギャラリーおおやま」に名称を変更した。

ＪＲ九州ファームは二〇一七年四月二五日に国際的な食品安全認証のGLOBAL G.A.P.を取得したことを発表した。対象の農場は糸島農場（福岡県糸島市、キャベツ、レタス、人参、大根）、玉名農場（熊本県玉名市、ミニトマト）、宇土農場（熊本県宇土市、温州《うんしゅう》みかん、不知火《しらぬい》、ネーブル）の三施設である。引き続き大分農場（ニラ）、臼杵農場（さつまいも）、新富農場（ピーマン）、松浦農場（アスパラガス、ブロッコリー）、内野宿《うちのしゅく》養鶏場の認証取得に取り組んだ。

内野宿養鶏場では二〇一六年に内野宿養鶏場筑前《ちくぜん》分所（福岡県朝倉《あさくら》郡筑前町）を新設した。面積約四〇〇〇㎡で開放式鶏舎が四棟、鶏糞《けいふん》処理施設、飼料倉庫などがある。二〇一六年度の実績は出荷数約二六〇万羽で、売上高約一億円。出荷量の六割はＪＲ九州フードサービスに卸している。

また、ＪＲ九州ファームは二〇一六年一一月一一日に博多駅で直営ショップ「うちのたまご」を開設した。

英会話教室も手がける学童保育事業

二〇一七年八月二八日にＪＲ九州の学童保育「Kids JR 六本松」定員五〇名が開業した。「Kids JR 高取」に次ぐ二店舗目である。二〇一九年四月一日に学童保育「Kids JR 高取」と「Kids JR 六本松」の機能を六本松に集約。英語学童保育「セイハ・イングリッシュパーク六本松４２１教室」としてリニューアルした。事業主はセイハネットワーク（福岡市博多区店屋町《てんやまち》）である。

第一二章　令和時代の鉄道事業はどうなるのか

——二〇一九〜二〇二二年

「中期経営計画2019-2021」

ＪＲ九州はこの中期経営計画のなかで、二〇三〇年ビジョンを示したうえで取り組むべき課題を挙げている。

二〇三〇年には全国的な少子高齢化と人口減が進み、鉄道事業の経営は困難さを増していくと想定する。これについてはＪＲ九州初代社長の石井幸孝氏の最近著『人口減少と鉄道』（朝日《あさひ》新書）でくわしく説明しているが、とくに人口減少期に入ってＪＲ本州三社ですら儲《もう》からなくなる。鉄道事業が衰退を克服するためのビジネスモデルを構築するうえで、ＪＲ九州が従来行ってきた観光列車の開発のほか、不動産事業や駅ビルをはじめとする流通業の拡大を今後も進めるべきとしている。

中期経営計画では「他社とも連携しつつ、都市型MaaS、地方型MaaS、観光型MaaSについて実証実験を行うとして、九州で培った強みを活用し、技術革新をとらえた事業の進化をはかる」とする。MaaSとは、さまざまな移動手段を、ＩＣＴ（情報通信技術）を活用して、あたかもひとつのサービスのようにシームレスに利用できるようにする技術のことで、いわばひとつのスマートフォンのアプリで列車や飛行機、タクシーや、ときには宿泊施設までを予約し、手配できるシステムというイメージである。また、九州内のまちづくりを進めるとして、三年のうちに熊本、宮崎の駅周辺の開発を完成させる。その次には博多駅空中都市構想が待っている。

鉄道事業については運輸サービスの収益力と生産性の向上を図るという。いままで効率化を進めたのに加え、新幹線の開業によって鉄道運輸収入は過去六年間に一〇〇億円増加した。今後も引き続き大幅な増収は期待できないが、中期計画では最終的に一五四〇億円の目標は達成できるとする。

また、JR九州株式の外資保有比率の上昇と、とくに二〇一八年一二月にアメリカの投資会社ファーツリー・パートナーズが五・一％の株式を保有して大株主第二位となっていることが明らかになった。同社は二年前からJR九州の株式を保有し、株価が過小評価されているとし、自社株取得を行うべきことを表明していた。

JR九州はこれに対して、「利益が想定以上に上振れた場合などに自己株取得により株主還元を含めて検討する」と説明する。

JR九州は経営評価のKPI（重要経営指標）として、従来はEBITDAを用いてきたが、今後は営業利益をKPIとする。現在は減損会計の適用で減価償却が大きく減少して営業利益が大幅に膨らんでいる状況にあるが、今後、地域開発などの大規模開発が続くと減価償却費が増加して営業利益は減少していくことが想像できる。EBITDAというフリーキャッシュフローは設備投資を進める場合に会社の負担力を示すには都合がいい指標である。これからは資金力より、日々の事業の成果を示す営業利益のほうが目標としてふさわしいとの判断である。

また、二〇一九年四月一日には経営基盤の強化のため、駅ビル、ホテル事業における中間持ち株会社として「ＪＲ九州駅ビルホールディングス」と「ＪＲ九州ホテルズアンドリゾーツホールディングス」を設立したが、それに合わせてセグメント区分などの変更、事業の組み替えやグループ再編を実施する。

政治的駆け引きに翻弄される長崎新幹線

現在、ＪＲ九州にとっての最大の課題は長崎新幹線だろう。

長崎新幹線の正式な名称は九州新幹線西九州ルートである。地元への配慮や政治的な駆け引きのなかで、実態を表している「長崎新幹線」という名称が使えないというのが現状である。

長崎新幹線は二〇二二年に長崎－武雄温泉間を開業する予定で工事が進められている。

もともと早岐を経由するルートで着工に向けた準備を進めていたが、一九九八年に整備主体である日本鉄道建設公団はルートをショートカットして大村から武雄温泉に向かうことを発表した。

二〇〇八年に暫定整備計画の認可を受けるが、武雄温泉－諫早間に新線を建設して在来線規格の線路を敷設し、博多－武雄温泉間は在来線を走行するスーパー特急という方式であった。

二〇〇九年に国土交通大臣に就任した前原誠司《まえはらせいじ》氏はこれをいったん白紙に戻し、地元に対して新幹線の整備効果についてデータを提出することを求めた。いまにしてみれば、これが長崎新幹線のゴタゴタの始まりかもしれない。

スーパー特急で整備することになっていた暫定整備計画が白紙に戻され、二〇一二年六月一二日にフル規格による工事実施計画のフル規格での追加申請を行った。六月二九日に認可となったが、長崎－武雄温泉間をフル規格で建設して、軌間が異なる新幹線と在来線を直通できるフリーゲージトレインの技術が確立したなら、との条件つきで、武雄温泉で狭軌から標準軌に直通するフリーゲージトレインが導入される予定に変わった。博多－長崎間の所要時間は現行から二八分短縮した一時間二〇分となる予定であった。

二〇〇八年の段階では肥前山口－肥前鹿島間を引き続きJRが保有、運営し、肥前鹿島－諫早間を経営分離して第三セクター化する計画であった。また、肥前鹿島－諫早間は電気運転を廃止して気動車に置き換えることも決まっていた。

二〇一二年の認可時点では肥前山口－諫早間の線路と鉄道施設を自治体に一四億円で譲渡したうえで、運営はJR九州が引き続き運行するというもの。もともと自治体は第三セクターの設立にあたって車両の購入費などに一六億円支出する予定であったため、結果的に負担が軽減されることになる。

長崎新幹線は二〇〇五年度から政府予算に工事費が計上されていたが、並行在来線の経営分離に地元鹿島市と杵島《きしま》郡江北《こうほく》町が強硬に反対したため執行できないままになっていた。

在来線の線路を使用する新鳥栖と肥前山口間をフル規格で建設すると、工事費は四〇〇〇億円が予想されているが、路線の総延長の大半を占め、費用負担が大きい佐賀県が時間短縮効果が小さいとして反対している。

現在、長崎新幹線の建設とは別に、長崎駅の移転と改築、高架化（浦上駅－長崎駅間二・四㎞）および駅周辺部の土地区画整理事業が進められている。

長崎県が事業主体で、二〇一〇年二月一八日に国の事業認可を得て同二四日に鉄道事業者との基本協定を締結した。二〇二〇年度に完了する予定である。

在来線の高架化事業では長崎駅に三面六線のホームを設け、その後、長崎新幹線の建設では一面二線を増設するが、高架化で在来線用として建設した一面二線も新幹線に転用する計画である。

また、長崎駅に隣接する車両基地はすでに早岐に移転しており、この用地を含めて、駅周辺の約一九haの土地区画整理事業を実施する。

駅前の国道二〇二号線から高架化した駅構内を横断するかたちでトランジットモールを整備して路面電車の線路を建設する構想があったが、大幅な迂回ルートになるために取りやめになった。

導入を予定していたフリーゲージトレインは技術的な問題を解決できず、二〇一八年八月に長崎新幹線に関する検討委員会は与党整備新幹線建設推進プロジェクトチームの会合で「フリーゲージトレインの導入を断念せざるをえない」との見解を示した。

その結果、長崎－武雄温泉は新幹線、武雄温泉－博多間は在来線の列車を利用することになり、武雄温泉での乗り換えが必要となる。武雄温泉からの佐世保線についても複線化区間の短縮で地元との意見の対立がある。

現状では政府与党は新鳥栖－武雄温泉間のフル規格着工を推進したいのであろうが、佐賀県は追加負担につながるフル規格着工に強硬に反対している。

武雄温泉では高速道路が至近距離にあることから、長崎と武雄温泉間をガイドウェイバスで高速運転して、武雄温泉で高速道路に直通し、長崎－新鳥栖・博多間で所要時分を短縮するのがいいだろう。長崎－博多間は連節バスを使って輸送力を確保することもできる。

乱暴な案であるが、新鳥栖－武雄温泉間のフル規格化が不可能というなら、妙案ではないだろうか。

おわりに

これから日本の人口は確実に減少するし、しかも過去どの国でも経験したことがないような速度で減少していく。それは大都市でも例外ではない。九州で一極集中が進んだ福岡市でも今後は人口減少の時代に突入する。

日本は、高度経済成長は国内需要の増加に対する設備投資の増加が原動力となった。これから人口が減少すると、それは需要の減少を招き、それが生産を縮小することで、設備投資を減少させる。設備投資はすでに国内では減少しており、国が金融緩和策をとっても経済が浮揚しない原因ともなっている。

また、日本はものづくりで経済大国に成長したが、昭和三〇年代に天然資源の海外依存の進行、昭和五〇年代からの円高による輸出条件の悪化、そして日本企業は海外に生産の場をシフトさせた。資源を海外に依存し、工業製品までも海外からの輸入に依存しているのである。まず繊維製品の生産が海外に移り、続いて鉄鋼、造船も日本企業は海外への直接投資によって生産を海外に移転させた。

九州は日本のGDPの約一割を生産してきたが、日本の経済が縮小するなかで、九州の工業生産も縮小した。明治期に日本の産業化を牽引した八幡製鉄所もかつての勢いはない。ただ、九州は世界的な成長エリアである中国、台湾、韓国に近い。福岡からは東京より上海や釜山のほうが近い。中国、台湾、韓国の成長センターはハイテク産業である。もともと日本が得意としたメモリーや液晶ディスプレイなどが、最初は日本からの技術移転から各国の生産量は増加していった。いまも日本から電子部品が輸出され、欠かすことのできない部品となっている。また、高度な加工技術を要する精密機械も日本が得意とする分野である。中国、台湾、韓国と九州で工作機械、部品、メモリーやLCDなどのパーツの生産、そして製品の組み立てと、このエリアでハイテク製品生産のサイクルが完結することができる。

さらに、このような地理的有利さは人の動きでも同じことがいえる。すでに九州観光は中国、台湾、韓国からの来客数が増えている。日本観光のゴールデンルートは成田空港で入国して東京の浅草《あさくさ》、日光《にっこう》、あるいは富士山《ふじさん》を経由して京都へ向かう。これとは別に福岡空港から入国して九州を回って東に向かい、関空やセントレア（中部《ちゅうぶ》国際空港）から出国するというルートも有望である。「ななつ星in九州」は九州だけ、JR西日本の「トワイライトエクスプレス瑞風《みずかぜ》」も同社のエリアだけであるが、両者の連携によって広域運行することも検討の余地はあるであろう。このような動きはすでに始まっており、福岡空港を東アジアからのゲートウェイにしようという計画が進んでいる。

現在、福岡空港を運営しているのは民間企業の福岡国際空港株式会社である。西鉄、三菱商事、九州電力、シンガポールのチャンギー国際空港（Changi Airports International）で構成する福岡エアポートHDグループが出資し、二〇四八年四月までコンセッション方式（営業権の付与）で空港の経営にあたる。

福岡空港は滑走路一本で増大する航空需要に対応してきたが、現在、国によって二五〇〇m滑走路の増設工事を進めており、二〇二四年に完成する予定である。

また、空港会社も国際線ターミナルの拡張と国内線エリアの整備を行う予定である。将来は東アジアと東南アジアの就航数一四カ国五一路線を目指し、東アジア、東南アジア就航数国内一位を目指す。国際線全体では二五カ国六七路線となる。二〇三三年までは東南アジア、二〇四八年にはヨーロッパ、アメリカ、オーストラリア、インドを重点的に営業する。

日本の人口が減って内需が減少しても、海外との人やものの動きを活発化することにより、九州の経済活動や、事業エリアとするＪＲ九州の将来は必ずしも悲観すべきものではない。

日本は対外資産が世界一であるが、これは日本企業が海外に直接投資して生産を海外移転させたこと、日本の資産が外貨資産にシフトしたことなど、さまざまな要因があるが、いずれにしても、それによる収益や利子が国内に還流している。日本人や日本企業が貧しくなったわけではなく、日本産業のものづくりからサービスへのシフトの流れのなかで、その需要はサービス業の売上に向かっている。ＪＲ九州が鉄道事業と並ぶ基幹部門として物流などサービス業の開拓を進めているのも、時代にマッチしているといえるだろう。

最後に、長年お手伝いをいただいている、交通政策の研究者として多くの実績を持つ下《しも》村仁士《むらひとし》さんに原稿のチェックをしていただいた。また、亜細亜《あじあ》大学都市創造学部四年の芥《あくた》川竣哉《がわしゅんや》さんには写真提供のほか、表の作成などの協力を得た。末筆ながらお礼を申し上げたい。

佐藤信之《さとうのぶゆき》

参考文献

◎ＪＲ九州関係の刊行物
『１９８７ １９９６：九州旅客鉄道10年史』ＪＲ九州、一九九七
『ＪＲ九州20年史：１９８７-２００６』ＪＲ九州、二〇〇七
『鉄輪の轟き：九州の鉄道１００年記念誌』ＪＲ九州、一九八九
岡次宏幸・写真『ＪＲ九州の列車たち』ジェイアール九州エージェンシー、二〇〇〇
『博多駅史：85年のあゆみ』博多駅85年史編纂委員会、一九七七
『株式売出届出目論見書』ＪＲ九州、二〇一六
『有価証券報告書』各年度（EDINETで閲覧）
石井幸孝『九州特急物語：創業からＪＲ九州までの１２０年』ＪＴＢパブリッシング、二〇〇七
奥村美幸『九州レール・レディ』メディアファクトリー、二〇〇八
唐池恒二『世界から集客！ＪＲ九州唐池恒二のお客さまをわくわくさせる発想術』ぱる出版、二〇一一
唐池恒二『鉄客商売：ＪＲ九州大躍進の極意』ＰＨＰ研究所、二〇一六
石井幸孝『人口減少と鉄道』朝日新書、二〇一八
唐池恒二『感動経営：世界一の豪華列車「ななつ星」トップが明かす49の心得』ダイヤモンド社、二〇一八
そのほか、『ＪＲ九州30年史』ＪＲ九州、二〇一七が刊行されているが、入手できなかった。

◎定期刊行物、資料
『時刻表』全国版、九州版
JR九州各路線のダイヤグラム
『全国ハイウェイバス時刻表』創刊号、日本バス友の会、一九八九
九州運輸局・監修『'90時刻表：九州の高速バス 空港アクセス』財団法人九州陸運協力会、一九九〇
一般財団法人日本航空協会『航空統計要覧』各年
国土交通省『鉄道統計年報』各年度
九州運輸局『九州運輸要覧』各年度
JR九州の公式サイトより決算資料、「FACT SHEETS」、プレスリリース
◎「鉄道ジャーナル」の記事執筆のために取材した箇所
JR九州本社、福岡県庁、福岡市交通局、北九州市役所、熊本県庁、鹿児島県庁、大分県庁、宮崎県庁、肥薩おれんじ鉄道

イースト新書
117

JR九州《きゅうしゅう》の光《ひかり》と影《かげ》

日本《にほん》のローカル線《せん》は再生《さいせい》できるのか

2019年8月15日　初版第1刷発行

著者
佐藤信之《さとうのぶゆき》

編集担当
岡田宇史

発行人
北畠夏影

発行所
株式会社
イースト・プレス
〒101-0051
東京都千代田区神田神保町2-4-7久月神田ビル
Tel:03-5213-4700　Fax:03-5213-4701
http://www.eastpress.co.jp

装丁
木庭貴信+青木春香
（オクターヴ）

本文DTP
小林寛子

印刷所
中央精版印刷株式会社

ISBN978-4-7816-5117-0